始终以一颗父母心,为孩子甄选优秀童书

我的第一本
地理启蒙书

郑利强 著 段虹 绘

序

我小时候喜欢问一些稀奇古怪的问题。

有一次,妈妈带我乘坐"11路公交车"去看飞机,第一次看到停在机场的飞机那么大,我好奇地问妈妈:"飞机在天上那么小,到了地上怎么这么大了?它是吃什么长大的?!"

在我着手写这本小书的过程中,我仔仔细细回忆了一遍自己小时候。我发现,每一个地理常识、每种地理思维,都可以在童年那些稀奇古怪的问题里找到影子,只是当时我还不知道。而这些有意思的问题,其实是孩子们最初对世界的探索——从自己的生活经验出发,面朝广阔天地,你们思维的小触角可以在不经意中伸到很远的地方。

  这本书就是从你们的"触角"出发,去发现那些和地理有关的趣事。"地理"是什么?是那些不知所云的地名、大同小异的特产、密密麻麻的地图、要把人绕晕的自转和公转吗?这样的地理知识你们一定不喜欢。其实,还有另外一种地理——"好玩的地理"。它不是枯燥知识的堆积,不需要死记硬背,既好玩又有用。它像穿了隐身衣的小精灵一样,虽然近在咫尺,你们却看不见它。现在,请大家走出家门,在太阳的东升西落里,在一条路、一座山里,在我们立足的土地上找一找它的身影。这就像一场场探险,这些探险,会启发你们的地理思维,你们在不知不觉中就拥有了许多大人都欠缺的地理常识。

  去到一个陌生的地方,与陌生人打交道,多多少少会让人感到不安。而在家里和熟悉的人交往,则不会有这种不安感,因为熟悉会打消人们的疑虑。

  同样,我们对一样东西了解越多,就会越喜欢它。这本书就是希望用你喜欢的方式去了解脚下这片土地,再去探索广阔的世界。我们对世界了解越多,我们就会越自信。如果我们去到一个地方,很轻松就能找到路,熟悉得就像自己手上的掌纹,我们会走得更远,看得更广阔。

  在写这本小书的过程中,我得到了很多人的帮助,既有身边的朋友,也有来自遥远国度素不相识的人。感谢法布尔先生(没错,就是《昆虫记》的作者),书里很多好玩的问题都是拜读他的著作得到启发而诞生的。

  好啦,接下来,让我们一起去地理的王国玩一玩吧!

身边的地理

第1章　喂，步印童书馆在哪家 4S 店里？ …………… 1
第2章　太阳住在大树上 ………………………………… 7
第3章　如何在夜晚辨别方向 …………………………… 13
第4章　咫尺千里 ………………………………………… 19
第5章　画张平面图 ……………………………………… 25
第6章　学校 ……………………………………………… 31
第7章　11 路公交车 ……………………………………… 35

脚下这片土地

第8章　永远丰收 ………………………………………… 41
第9章　毛家栗山 ………………………………………… 43
第10章　依山傍水 ………………………………………… 47
第11章　三级大台阶 ……………………………………… 51
第12章　山南水北 ………………………………………… 55
第13章　你的名字 ………………………………………… 59

地球，我们圆滚滚的家

第 14 章	我们圆滚滚的家	63
第 15 章	刺猬地球	67
第 16 章	地球上的几件怪事	71
第 17 章	圆滚滚的地球为什么不掉下去？	77
第 18 章	地球另一边的"可怜人"	83
第 19 章	大海捞针	87
第 20 章	地球上的两种线	93
第 21 章	为什么感觉不到地球在动？	99
第 22 章	乘热气球周游世界	103
第 23 章	陀螺和地球	109
第 24 章	难度系数最高的转圈圈	115
第 25 章	画一个椭圆	119
第 26 章	地球上的"好学生"	123
第 27 章	暖暖的夏、冷冷的冬	127
第 28 章	为什么冬天离太阳更近？	133
第 29 章	热带和温带	139
第 30 章	一天等于一年？	145
第 31 章	真正的人	149
第 32 章	谁先看到《疯狂动物城》	155
第 33 章	弟弟比哥哥大一岁？	161

第1章

喂，步印童书馆在哪家 4S 店里？

我们先来玩一个游戏，这个游戏需要你爸爸妈妈的参与。

在房间中间摆三把小凳子，你坐中间，爸爸妈妈分坐在你的两边，用一张纸记下来你的左右两边分别是谁。

接下来，我们一起来变个魔术。魔术很简单：你站起来，在原地向后转，也就是把你的脸转到刚刚你的背所在的位置，然后再坐下。坐好之后，看看，你的左右两边都是谁，并在同一张纸上记下来。

仔细观察一下：两次记录有什么不同？

是不是很奇怪，原来左边明明是爸爸的，怎么现在变成了妈妈？原来右边的妈妈怎么跑到左边去了？问题是他们都没有跑动啊？！

为什么会这样呢？

最初，爸爸在你的左边，妈妈在你的右边，你面对的是有壁炉的书架墙。我们通常把自己面对的方向叫"前面"，背对的方向叫"后面"。

你转过身来，重新坐下后，面对的是照片墙，书架墙在你的后面。

同时改变的还有你左右的人：你左边的人变成了妈妈，你右边的人变成了爸爸。

很多人因为分不清楚东西南北，在给别人指方向时，习惯于用左右。通过上面的游戏，我们知道，如果想用左右来说明方向，就一定要确定参照物。所以，准确的描述是：面对书架，你的左边是爸爸，右边是妈妈。如果不说参照物，就会像上面我们玩的游戏一样，左边一会儿是爸爸，一会儿又变成了妈妈，很容易闹出笑话。

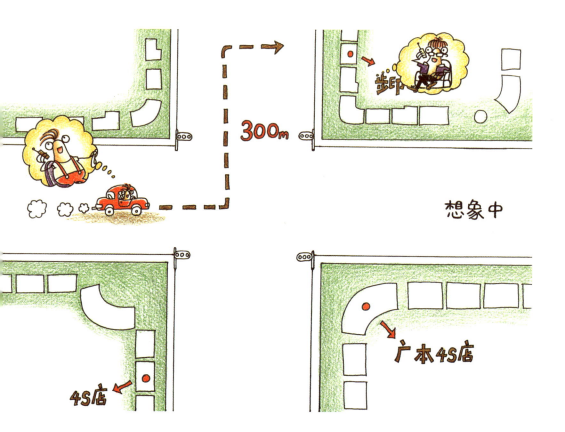

一次,我的一位朋友想来步印童书馆,于是我把地址发给了他。快到约定的时间时,朋友问我:"我到一个有好多4S店的十字路口了,接下来怎么走?"

"哦,很快就到了,在十字路口左拐,直行300米就到了。"说完,我就耐心地坐在茶室等他,可是左等右等,还是不见朋友的人影。

我只好给朋友打电话,电话那边传来朋友满是疑惑的声音:"喂,步印童书馆在哪家4S店里?"原来朋友一直在附近的4S店找步印童书馆呢!

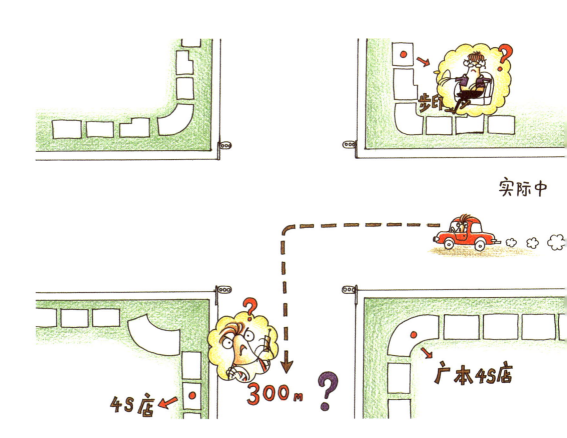

看了上面的图,你一定知道我为什么会弄出这么大一个笑话来了。

是的,就是我用左右给朋友指路时,没有给出参照物来。如果我这样说:"你走到右前方是广本 4S 店的十字路口时,在十字路口左转,直行 300 米……"就不会出问题了。我没有想到朋友会从相反的方向走到十字路口。

现在你明白了,用左右来指方向时,一定要记得说明参照物。

第 2 章

太阳住在大树上

你见过这个字吗?如果没见过,猜猜看。

这是"东方"的"东"字。有点奇怪吧,以前的"东"怎么会是这样写的呢?

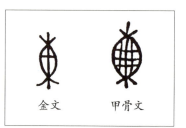

原来呀,我们的古人认为太阳住在一棵名叫扶桑的大树上,每天早晨太阳从树上升起来。为了描述这个现象,古人发明了一个字:就像一个太阳停在树上。后来慢慢随着字体的简化,才形成了现在的"东"字,代表太阳升起的地方。

你见过清晨太阳冉冉升起吗?指一指太阳升起的地方,我们把太阳升起的地方叫作"东方"。

我们再来看另外一个字:

你觉得太阳像什么?早上刚刚升起的太阳和下午的落日,像个大大的红色圆盘,中午时的太阳则像个大火球。你

会把太阳看成一只鸟吗?肯定不会吧?古人却把太阳看成一只乌鸦或金鸟,是不是很奇怪啊?傍晚时分,倦鸟思归,都会飞回自己的巢里。所以古人也发明了一个字来代表太阳下山的西方,形似一个鸟巢。这就是"西"字的由来。所以,我们知道了,西方就是太阳落山的地方。

对整个地球上的人来说,太阳永远是从东边升起、西边落下,所以东西的方向是确定不变的。只要有太阳,我们就能马上确定东西的位置。

好了,现在我们已经知道东西两个方向了,接下来就可以很容易地找到南北两个方向:伸出你的双手,让右手对着太阳升起的方向,也就是东方;左手对着西方,也就是太阳落下的方向。这样,你面对的方向就是北,背对的方向就是南。

除了东、西、南、北这四个主要方位外,我们还常常会听到东北、东南、西北和西南等说法,这是什么意思呢?

人们通常把挨着东边和北边的地方叫东北方;把挨着东边和南边的地方叫东南方;把挨着西边

和北边的地方叫西北方；把挨着西边和南边的地方叫西南方向。

为什么一定要把东方和北方相邻的区域叫"东北"，而不叫"北东"？西北为什么不叫"北西"，东南为什么不叫"南东"，西南为什么不叫"南西"呢？

有一种说法认为，人们在命名过程中，一般会遵循由易到难、由简单到复杂的原则，容易优先接受自己熟悉的东西，再慢慢接受陌生的、不熟悉的东西。就好像在一大堆人里，你总是一眼就能认出自己的朋友来，然后才会注意那些陌生人。在人们的日常生活中，每天都能看到太阳从东边升起，从西边落下，"东"和"西"会在人们的头脑中不断强化，被人们用来作为定义方向的基础，后来才又在此基础上衍生出南、北两个方向来。

认识东南西北是让自己不成为路痴的最重要的本领，只要勤于练习，每个人都能成为认路高手。你可以试着做做下面这些小练习，它会对你尽快掌握东南西北很有帮助。

你学校的北边有些什么？南边呢？谁坐在你的北边，你的南边是谁呢？你在教室的座位是朝向什么方向的？老师的讲台呢？你教室的什么方向没有窗户？什么方向没有门？

如果一个房间的东边有个壁炉，对着壁炉的是什么方向？假如风从北边吹过来，烟会朝哪边飘散呢？

你们教室在操场的什么方向？

  学校北边的第一条街叫什么名字？学校南边的第一条街呢？东边和西边的呢？

  你的家在学校的什么方位？学校在你家的什么方位？最近的大超市在你家的什么方向？最近的邮局呢？

第 **3** 章

如何在夜晚辨别方向

我在湖南中南部的一个小山村长大,我家二楼有一个平台,一到农忙时节,爸爸妈妈就会把稻谷平铺在平台上面,白天让阳光把谷子晒干,晚上就在平台上用风车把秕谷分离出来。我最喜欢躺在风车旁,头枕双手,仰望天空中的星星。那个时节的星星成群结队,就像一条又宽又长的银色的河横挂在天空中。偶尔,我还会试着数一数它们,想弄清楚到底有多少颗,但通常很快就放弃了,因为实在是太多太多了。离开乡村后,我再也没有看到过那么壮观的星空了。

万籁俱寂、漆黑如墨的夜晚,天空中的星星是陪伴人们最忠实的朋友。我们已经知道如何根据太阳来确定东西南北了,太阳下山后怎么办呢?我们可以通过观察星星来判定方向。

选一个天气晴朗的晚上,让爸爸妈妈带你到室外,去学着观察星星。在人类漫长的历史发展中,聪明的古人发现,天上许多星星都不会固定待在一个地方,但有一颗星星永远高悬在北边的天空中,周围的好多星星都围着它转动。人们把它叫作"北极星"。由于它看起来在天空中固定不动,被众星拥护,所以被视为群星之主。

正因为它的位置几乎不变(指向正北方),所以很早以前,就被人们用来辨别方向,尤其是对那些在茫茫大海上航行的水手来说,北极星就是他们最最重要的辨别方向的工具。

那么我们怎么才能在夜空中找到北极星呢?

有一个简单的办法,第一次可以让爸爸妈妈帮助你找,找到之后,自己再多观察,慢慢地,你就会不需要帮助一眼找到它,就像你可以在一大堆人中一眼认出你最好的朋友一样。

在观测前,你让爸爸协助你查出所在地的纬度(纬度在后面我们会讲到),因为北极星的地平高度等于观测者所处地的地理纬度。确定纬

度后,你面向着正北方,眼睛水平看,头抬起,角度为刚才确定的纬度的度数(如你所处北纬 45 度,就抬起 45 度)。这时在你的视野中心就有一颗相对它周围最亮的星,这颗星就是北极星。

还有一种方法,我们面对北方,可以看到天空中有一组(共七颗)特别亮的星星,有些人认为这七颗星像三匹马拉着一辆战车,有些人则认为它们像一种叫"犁"的农具,中国古人认为这七颗星围成了一个斗形,所以把它们叫作"北斗七星"。北斗七星属大熊座的一部分,之所以叫"大熊座",是因为最初发现它的人认为它像一头拖着长尾巴的熊。从图形上看,北斗七星位于大熊的背和尾巴的部位。

北斗七星斗口的两颗星分别叫天枢（shū）星和天璇（xuán）星，连接这两颗星朝斗口方向延长约5倍远，就能找到北极星。

北极星恰好又是附近一个星座的主星，这个星座也有七颗星，像缩小版的大熊座，人们就把它叫作"小熊座"。

能在天空中一眼认出北极星之后，在晚上就不会再迷路了。

如果在阴雨天，既没有太阳又没有星星，我们该如何辨别方向呢？

你见过指南针吗？现在许多手机上都有指南针的应用，可以让爸爸妈妈演示给你看。传统的指南针是一个小圆盘，上面有指针，指针静止下来时，指针会指向北方。你会觉得很奇怪吗？叫"指南针"为什么指针却指着北方，既然这样，为什么不叫"指北针"呢？有一种说法认为，因为南方朝阳，代表生机和尊贵，所以大家喜欢叫它"指南针"。

  有了指南针的帮助，即便在漆黑的夜晚，水手们也能轻松地知道自己航行的方向了。

  除此之外，我们还可以通过大自然中的一些现象来大致判断方向。

  大树是我们人类的好朋友，它们不仅给我们带来绿荫，制造氧气，还可以为我们指引方向。一般来说，树木枝叶稠密的一面是南方，枝叶稀疏的一面是北方。这一原理还适用于树上的苔藓，苔藓浓密青翠的那一面朝北，因为苔藓喜阴，北面阳光照射比较少。

  如果能找到树桩，也可以从年轮来判断。大树朝着南方的一面受太阳照射的时间长，长得快，年轮线就稀疏；朝着北方的一面受太阳照射的时间短，长得慢，年轮线就稠密。

  如果可以看到积雪，可以通过山上或岩石上雪的融化状态来判断，通常南边融化得比北边快。

还可以通过观察蚂蚁窝来判定:蚂蚁筑巢通常会选在大树的南边,因为南边比较温暖。

第4章

咫尺千里

以前,我家附近有好多大大小小的池塘,那时候没有ipad,放学回家的路上,我们最喜欢玩的游戏,就是往池塘里扔石子,或者是用石子打水漂。在学校,我们总会吹嘘自己的扔石子成绩:

"昨天,我都快扔到池塘的中央了,你看,有那么远!"

"那算什么,我有一次差一点就扔到池塘的另外一边了。"

"我有一次使劲这么一扔,石头都不见了,肯定是到池塘对岸去了!"

……

"我有一次扔得才远呢,有十万八千里!"

"你吹牛,少林寺里的人才能扔那么远。"那时特别流行《少林寺》这部电影,里面的武林高手是我们崇拜的偶像。

其实,那时候,我们对距离完全没有概念。

要想清晰地说明一个地方,我们必须知道它的方向,除此之外,我们还要知道它离我们有多远,也就是距离。

你常常会听到人们说厘米、米、寸、尺、公里等字眼,它们都是现代人们用来表示长度或距离的单位。这些单位都是很确定的,交流起来很方便。比如,去游乐场玩过山车,要求身高不低于1.5米,售票处就会有一个刻度表,只要背靠着一量就知道能不能坐。

在古代可没有这么方便,最初,人们都是根据人的身体来计算距离长短的。

如果我告诉你,埃及著名的胡夫金字塔高度为280腕尺,你一定会觉得很奇怪,可在当时,人们就是这样来描述的。那时,人们计算

长度是以国王胡夫的前臂作为标准。胡夫前臂的长度就是1腕尺，准确地说，应该叫1"胡夫腕尺"。

公元9世纪，撒克逊王朝亨利一世规定，他的手臂向前平伸，从鼻尖到指尖的距离定为"1码"。10世纪，英国国王埃德加，把他的拇指关节之间的长度定为"1寸"。相传我国古代的大禹在治水时，曾用自己的身体长度作为标准，进行治水工程的测量。唐太宗李世民规定，以他的双步，也就是左右脚各走一步作为长度单位，叫作"步"，并规定一步为五尺，三百步为一里。

很有意思吧，学学胡夫，试试用你的腕尺量一下自己的身高、书桌的长度有几腕尺？

这种计算方法确实很有趣，但也有个问题，那就是：不同的地方采用的长度标准会因人而异，交流起来很麻烦。如果一个埃及的小朋友来到中国的游乐场玩过山车，一看游戏规则，发现要求是"身高5'郑某某腕尺'以上"，相信他一定会晕倒。

所以，后来全世界的国家都一起制定了一个通用的长度单位，也就是我们现在经常用到的厘米、米，等等。

右边的两条线就是1厘米和5厘米。

有了这些长度单位后，你就可以知道你的课桌、家里的餐桌、你

的作业本的长度了，你也可以测量出教室的长和宽来。

可以用尺子量一下自己中指中间一个关节的长度（这就是古人说的"布指知寸"，"布"有伸开、张开的意思，"布指"就是伸开手指）；把手掌尽量张开，量一下拇指指尖到食指

指尖的长度（这就是古人说的"布手知尺"）；把双手伸开，量一下左手指尖到右手指尖的长度（这就是古人说的"舒肘知寻"）；再量一下自己正常走路时一步的距离，遇到需要丈量比较远的距离时，你只需要沿着直线用脚走一趟就行了。

厘米、米、寸、尺可以用来测量和描述较短的距离，如果要丈量更远的距离，我们通常会用公里来表示，1 公里等于 1000 米。

想想离你家或学校 1 公里的地方有些什么东西，和爸爸妈妈一起走到那里试试看，记下大约需要走多少步。

我们再来做一些小小的练习。

你的作业本长、宽各有多少厘米？你的桌子呢？你的房间有多长、多宽？绕房间一圈有多长？每扇窗有多宽？每扇门呢？

最近的街道离你家有多远？

你的教室有多高？学校的教学楼呢？

最近的山离你家有多远？它在你家的哪个方向？

第5章

画张平面图

你有过无聊的时候吗？无聊的时候你最想做什么？我无聊的时候最想好朋友来我家玩。

后来，我的好朋友到一个很远的地方去上学了，这让我伤心了好一阵子。不过，我们很快就找到了一个相互联络的办法：写信。把彼此经历的有趣的事情通过信件分享给对方。

你有好玩的事情想和朋友分享时，一般会用什么方式？微信，对吗？

如果你想给远方的朋友介绍你的新学校，用什么方式才能让他（她）清楚地了解呢？

我想，你一定会说："画出来给他（她）看不就行了吗？"是的，没错。因为每个小孩天生就是绘画高手。

假如这就是你的教室，里面有课桌、讲台、椅子、挂钟、地球仪和一张地图。这张照片是站在讲台后面拍摄的，显示的是我们站在讲台上看到的场景。我们可以用什么方式来描述这张照片呢？

可以是这样:

这种画很有意思,活泼而生动。

不过,这次我要给大家介绍另外一种画学校的方法。这种画你以前可能没有用过,它有趣、实用,而且很简单,它叫"平面图"。

如果用平面图来表示这间教室的话,是这样的:

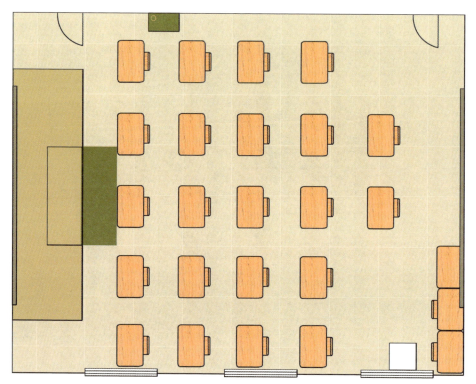

你可以看出两者的不同吗？

照片上显示的物体如在眼前，而平面图则只显示出了各种物体的位置及其相互关系。平面图是修建一座房子最重要的依据，工人们正是依照它来建造房子的。

现在，让我们一起来看看能不能画一张你自己教室的平面图。

首先，我们得量出教室四周的尺寸，这应该难不到你了吧，在上一章里，我们刚刚学会了如何测量长度和距离。我们假设教室的两个长边各为15米，两个短边各为10米。我们先在黑板或纸上画出四条

首尾相接的直线，用来代表四边。当然，这条线要远远小于实际尺寸，除非我们有一张教室那么大的纸！

我们用纸上的 1 厘米代表实际教室的 1 米，这就叫比例尺——其实你以前画画的时候早就用到过比例尺了，比如，你画一个人，一定不会画得和真人一样高，这就是在用比例尺，只不过以前是很随意地用，现在我们要更加精确地用它。按照这个比例尺，我们平面图上的长和宽分别是 15 厘米和 10 厘米。

接下来，我们要做的是确定门和窗户的位置，以及课桌的形状。我们要时刻记住平面图上的 1 厘米代表实际中的 1 米。因此，我们必须确保平面图上的窗户、门以及课桌的尺寸和实际中的比例一样。

最后，我们画一个小圆圈代表地球仪，一个大长方形代表讲台，一个小长方形代表椅子。同样，我们需要注意平面图上的尺寸。

平面图大功告成了。我们在平面图上标好方向，用 N 代表北方，S 代表南方，E 代表东方，W 代表西方。

现在我们就能说出教室中各种物体之间的方向和关系了。比如，讲台在课桌的什么方向，门在教室的什么方向，地球仪在讲台的什么方向。

用这种方式，你还可以画一画家里或者那些你经常去的地方的平面图。如果你留意的话，会发现很多公园或小区里都有这种平面图。

第 6 章

学 校

你已经给朋友介绍了你的教室,那你的学校呢?能按照上面新学的方法,向朋友介绍一下你的学校吗?

下面就是一所学校的平面图:

　　看看这个学校操场是什么形状的？花园里都有些什么？有多少种进入操场的方式？有几扇门可以进入教学楼里？

　　试着在下面的空白处画一画你学校的平面图，标示出教学楼、操场、大门、升旗处、游戏区等等你觉得应该介绍给大家的地方，你还可以标出自己经常出入的门来呢。

第 7 章

11 路公交车

你的学校在什么地方,你通常是怎么去上学的呢?走路、坐校车,还是爸爸妈妈开车送你?

我小时候每天都是乘"11 路公交车"上学。你一定很奇怪,小山村怎么会有公交车呢?哈哈,你站起来,走两步,再并拢双腿,看看你的腿是不是像"11"?

你明白了吗?对了,实际上我每天都是走路上学的。

我给你画出来我是怎么到学校的:

你能画出你从家到学校的路线吗?

我们知道,地图上的方位是上北下南、左西右东,我们先确定学校和家的大致方位,再用线勾勒出你每天的路线图。

如果家离学校很远,只需要画出重要的路口即可。

你画的实际上就是一张地图。

地图就是把地面上的东西表现在图上,所以人们一直把地图看成是地球在纸上的缩影。

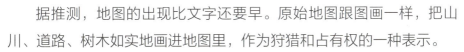

据推测,地图的出现比文字还要早。原始地图跟图画一样,把山川、道路、树木如实地画进地图里,作为狩猎和占有权的一种表示。

中国一直流传着一个"河伯献图"的传说。

在很早以前尧的时代,黄河经常洪水滔天,冲毁房屋,破坏庄稼。尧任命鲧(gǔn)去治理黄河,鲧就是禹的父亲。鲧用堵塞的方法,到处筑建堤坝。但是洪水滔滔,刚刚筑好的堤坝很快就被冲毁了,鲧花了九年时间也没能成功,人民很怨愤。到了舜执政的时候,因久治无功将鲧处死,而任用鲧的儿子禹继续治水。失去父亲的禹伤心万分,他下定决心,不惜一切劳苦,也要替父亲完成治水大业。于是禹带着"准绳""规矩"等测量的工具,跋山涉水,观察地形高下,踏遍山川沼泽,决定用疏导而不是堵塞的办法来治水。

传说大禹为治水焦思苦虑,三次从自家门口经过都没有进去,这种勤奋和执着感动了河伯——黄河的水神。突然有一天,河伯从黄河中走来,献出一块大青石,禹仔细一看,上面刻的是治水用的地图。禹借助地图,因势利导,成功控制住了洪水。

地图能帮助禹完成治水大业,造福黎民百姓。我们平时在生活中,如果能懂得看地图、用地图,则可以让我们不至于迷路。

仔细研究一下自己画的从家里到学校的地图,看看能不能加上自己经常去的一些地方,如电影院、游乐场、图书馆、朋友的家。

这是一张北京动物园的平面图,你知道怎么用它来找路吗?

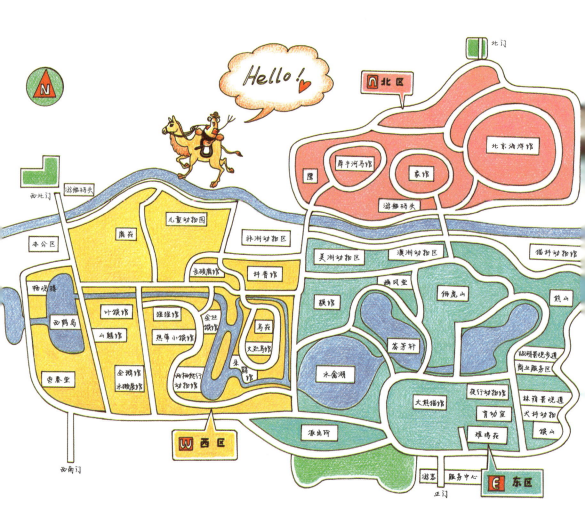

第一步,确定自己的位置。找找周围有什么标志性的建筑,是狮虎山,还是大熊猫馆?图中的位置是在狮虎山附近的桥边。

第二步,确定方向。打开平面图,找到这座桥的位置,再转动平面图,让图上的桥对准实际中桥的中心线。注意:不要把平面图拿颠倒了,避免颠倒的办法很简单,只要用周围的建筑与平面图一一对应,能对得上就说明图没有拿反。

确定好位置和方向后,找起地方来就很容易了。如果要去海洋馆,顺着路往右前方走就可以了。如果要去大熊猫馆,转过身来,记得同时把平面图也转过来,并随时和周围的建筑对应来调整图的方向,用这种方法分别找到豳风堂、荟芳轩,接下来就是大熊猫馆啦。

图拿颠倒了

正确的拿法

我们去公园、动物园玩的时候,一般都能找到这个地方的平面图,学着利用这些图为自己指路,或者回来时在图上画一画你走过的这些地方。

陪妈妈逛商场的时候,你一定会觉得很无聊——那些衣服有什么好看的!这个时候,你不妨带上纸和笔,画一画你如何走进这个商场,一路上都经过了什么店铺,妈妈都在哪些店里停留过。这样等妈妈逛完商场后,你说不定就能创作出一幅让妈妈大吃一惊的大作呢!

只要养成多看多用的习惯,运用我们前面讲到的判断方向的各种方法,时间一长,你就会发现,无论你到什么地方,都能很轻松地找到目的地。

第 8 章

永远丰收

你最喜欢什么玩具?

我认识一个小姑娘,她特别喜欢马,她的书架上摆满了她搜集的各种各样的玩具马。她喜欢和它们一起玩。最不可思议的是,她给每匹马都起了个好听的名字,其中有匹马叫"闪电",因为它很强壮,样子也是在奔跑;有一匹马叫"黑珍珠",因为它全身都是亮闪闪的黑色;还有一匹马叫"绅士",因为它的神态很高贵。她给它们编排了各种好玩的戏剧游戏,它们的名字和角色她从来都不会弄错。

你喜欢给别人起名字吗?各种各样的名字都行。我们以前小时候就特别喜欢给同学起外号。比如,有个同学冬天上学时脸被冻得通红,我们就叫他"红苹果"。有个同学长了一个高高的鹰钩鼻,我们就叫他"九头鸟"。这些外号都特别好记,也很有意思,时间一长,有时候竟然会想不起他的真名了。

我们每天要走的路也一样,世界上有数也数不清的路,要是没有名字的话,就会很麻烦。所以人们给这些数不清的路起了数不清的名字,而且很多名字就像你给你的同学们起外号一样有趣。

我家住在一条名叫"永丰"的路附近,十多年前这里还是一大片农田,我猜起名字的人是希望地里的庄稼"永远丰收"。还有一条路名叫"圆明园西路",你一定能猜到它是什么意思,是的,这条路位于圆明园的西边。还有一条路叫"软件园路",因为这条路两边有新浪、百度、联想、腾讯等知名的IT企业。

问一下你的爸爸妈妈,或者到网上查一下你家和学校附近及其他你经常走的路背后的故事,你一定会发现很多意想不到的好玩的东西。你还可以把这些好玩的故事分享给自己的朋友。

第9章

毛家栗山

周末你一般喜欢玩些什么?总不会一直待在家里写作业吧?是去游乐场、公园,还是去郊区旅游?

我小时候住的那个小山村有好多小溪,周末我最喜欢去小溪里捞虾米,还有就是跟着妈妈去一个叫毛家栗山的地方赶集。毛家栗山离我家有三四里路远,每到星期六、星期天,四面八方的人总会一起到那儿去,像开大 party 一样。集市上有各种各样的好吃的、好玩的。偶尔妈妈会给我买一碗香喷喷的馄饨,那别提有多幸福了。

为什么叫毛家栗山呢?原来,那一带有好几座山,山上有很多毛栗树,而山下面的村子里,住了好多姓毛的人家,大家就把那个地方叫作"毛家栗山"了。

我现在住的地方在北京的西北角，附近有个名叫百望山的森林公园，周末会有很多人去爬山。为什么叫"百望山"呢？其中有一个说法是下面这样的：

百望山以前又叫"望儿山"，它和杨家将里的佘太君有很大的关系。

你知道杨家将的故事吗？小时候看杨家将的故事，很喜欢里面的佘太君，尤其是她手上那根御赐的九龙监国锡杖，上打昏君，下打逸臣，很是解恨。辽宋争战，宋军在这座山附近扎营。佘太君的儿子带兵和辽军交战时，佘太君常在此登高望儿，擂鼓助阵，后人为纪念她，便把这座山叫成了"望儿山"。她站在山顶往东北方向看到的村子被叫成了"东北望"（现名叫"东北旺"），往西北方望见的村子叫作"西北望"（西北旺）。

由望儿山往北数里，有个地方叫"亮甲店"。传说有一次佘太君的儿子杨六郎率兵路过这儿时，遇到了大雨，于是大部队就地宿营，雨后他们在这儿把被雨淋湿的盔甲晾干，故得名"晾甲店"，后来按此谐音，叫成了"亮甲店"。

中国历史悠久，中华文明从未断绝过，人们世世代代在这片土地上生生不息，每个地方都留下了数不完的有趣故事，问一问爸爸妈妈，看看自己周围都隐藏着一些什么样的有趣故事。听完这些故事，你再走到那些地方时，感觉肯定不一样。

第 **10** 章

依山傍水

你挨过饿吗？你最长多长时间没有吃饭？饥饿的滋味好受吗？有没有特别渴的时候，渴和饿的感觉有什么不同？如果万不得已，要你在挨饿和挨渴之间选择，你会选哪一个？我猜你情愿选择挨渴，因为和渴比起来，饥饿感似乎更让人难以忍受。

可是，有人做过实验，一个人不吃东西但可以喝水，可以生存15天以上。而如果一个人滴水不进，最长也只能活3天。

人体中水的比例占到了65%以上，人类的祖先很早就明白水的重要性，他们通常会把房子建在靠近河流的地方。

正因为河流对古代人的生活非常重要，人们很早就给河流起了名字。而且很有意思的是，中国的河川名大都是专有名字，也就是这个名字只属于这条河，所以河流很少有重名的。不像以前我们班上有两个李伟，两个王建军，老师在叫他们时，不得不在前面加上"大""小"来区分。

河流的名字一般是专有名再加上"河""江"或者"水"三个字中的一个，组成两个字的名称，如淮河、渭河、沅江、湘江，等等。其专名部分，如"淮""渭""沅""湘"，除表示河名外，通常没有别的含义。以前，如果单说一个"河"字就是专指黄河，"江"则专指长江。

河的源头在哪里？一般是在山上，雨水或者高山上的冰川水融化汇成了河。

中国是个多山的国家，我国的山名大多数有三个字，两个字的很少。山的专名部分多不用山字旁，而且除了用来给山命名外，都还有别的含义。如山西五台山、四川峨眉山、安徽九华山、浙江普陀

山……不过五岳是个例外,它们都只有两个字。

河山是大地的符号,中国很多地名都与河山有关系。如河北、河南,我们刚刚讲到过,"河"字以前专指黄河,河北地处黄河以北,河南则是在黄河的南边;湖南是在洞庭湖以南,湖北地处洞庭湖以北。这些地名是在山川湖泊后加上不同的方位词而来。

南岳衡山附近有衡山县、衡东、衡阳等地名,它们全都与衡山有关。你们以后会知道一个叫范仲淹的人,他生活在900多年前的宋代,他写的一首很有名气的词里头说"塞下秋来风景异,衡阳雁去无留意",说的就是这个衡阳。

  2000多年前,有个了不起的大将军叫韩信,被封为"淮阴侯",他的封地(淮阴)就在淮河的南岸。淮河沿岸还有淮安、淮北、淮南等地名。

  现在你知道了,很多地方是按着附近的河川或者山岳起的名字。你知道汾阳、汾城、汾西和临汾在哪条河的沿岸吗?猜一猜湘潭、湘阴、湘乡和临湘都与什么有关?

第11章

三级大台阶

你最喜欢玩的玩具是什么?要我猜的话一定是ipad,它可以画画、听故事,最关键的是还有好多好多游戏。你能猜到我小时候最喜欢的玩具吗?你肯定猜不到,是泥巴!泥巴有很多种玩法:可以用泥巴捏各种动物,用泥巴来过家家,还可以用来打泥巴仗……有时候我还会和好朋友一起玩捏泥巴比赛,看谁用泥巴做的圆球更圆,做好了放在一起比。我们常常会比着比着就把两块泥巴挤在一起,最后变成一坨大泥团。

说起来你肯定不相信,地球上的好多山脉、峡谷、盆地和平原的形成,和我小时候玩泥巴差不多。

科学家们认为,地球并不像我们平时看到的乒乓球一样,由两大块拼接而成,而是由好多被称为"板块"的东西组成。板块和板块之间会有挤压,就好像我和朋友一起挤泥巴块一样。不同的是,我们挤完泥巴之后,得到的是一大坨泥团,而板块与板块之间挤压,却形成了山脉、峡谷、盆地和平原。

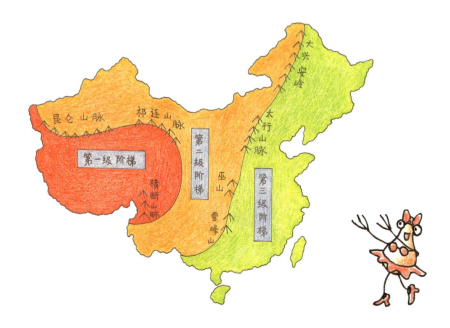

我们国家位于一个叫亚欧板块的超大"泥巴"上,我国的西部有许多高山,这些高山都是由于亚欧板块与南部一个叫作"印度洋板块"的"大泥巴"相碰撞和挤压形成的。这两个板块一个在北一个在南,所以挤压后形成的高山大多是东西方向的。这些高山大多位于青藏高原,她是世界上最高的高原,平均海拔有4000多米。

我国的东边还有一个太平洋板块,这个太平洋板块和亚欧板块挤在一起,也形成了一些山脉,这些山脉因为是由一个在东一个在西的板块挤压形成的,所以大多是南北方向的。这些山的高度比青藏高原的山脉要低,平均海拔只有2000~3000米。

三个"泥巴块"(板块)的相互挤压,使得我国的地形有一些非常明显的特征,人们通常用"西高东低,呈梯级分布"来形容。如果我们想象有一个巨人要由西向东走去,那么,他从西部的青藏高原走到东部的海滨,就会像下楼梯的台阶一样,一共要跨越三级台阶。不过这里的每一级台阶都特别特别的大,就算神行太保戴宗腿上绑满四个甲马,也得跑上好几天才能跑完一级台阶。台阶和台阶之间也很陡,有几千米之高!要是在台阶之间修上滑梯,一定会很好玩。

"水往低处流"这句话你一定听说过。由于我国地势有西高东低的特点,所以河流大多是自西向东流向大海。

第12章

山南水北

出去旅行住酒店选房间时，你是喜欢有阳光的房间，还是喜欢背阴的房间？你一定会选阳光灿烂的房间，对吗？阳光能给人温暖，能给万物带来生机。你有没有注意过，阳光好的房间都是朝向南方的？古人很早就发现，坐北朝南的房子可以获得最多的阳光，是人们最理想的住所。

我们可以把山想象成高高的房子，我国的山也都是南坡向阳，北坡背阴，人们就把山的南边称为"阳"。

山上的雨水或者冰川融化后形成的水流汇集起来就会形成河流，所以河的两边通常都有山。再加之受地势西高东低的影响，河流大多是东西走向，通常河的北岸阳光充足，南岸则背阴。古人把这一现象称之为"山南水北谓之阳，山北水南谓之阴"。

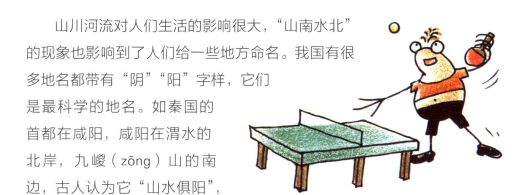

山川河流对人们生活的影响很大,"山南水北"的现象也影响到了人们给一些地方命名。我国有很多地名都带有"阴""阳"字样,它们是最科学的地名。如秦国的首都在咸阳,咸阳在渭水的北岸,九嵕(zōng)山的南边,古人认为它"山水俱阳",就是说无论从山来看还是从水来看都属"阳",所以叫咸阳("咸"有"全部、都"的意思)。

由于我国山名多有三个音节,加上"阳""阴"之后,至少也要有三到四个音节,读起来就不那么响亮了。举个例子吧,我在湖南省的邵阳长大,你现在一定能知道那里为什么叫邵阳了吧?对的,是因为附近有一条河名叫邵水,邵阳因在邵水的北面而得名。有山才有水,邵阳北边有座名山,叫雪峰山,如果用山来取名的话就应该叫雪峰山阳。如果有人向你介绍说:"我来自雪峰山阳。"你会不会听成"雪峰上的山羊"呢?

地名以两个字的居多,三个字就不常见,四个字的就更少了,你能想出其中的原因吗?

正是因为以上的原因,中国以山命名的地名,远不如用水命名的多。用水命名的地名如淮阳、汾阳、沈阳、洛阳、汉阳等,分别是在淮河、汾水、沈水、洛河和汉水的北岸,江阴、淮阴、汉阴、湘阴等分别是在长江、淮河、汉水和湘江的南岸。

除了河水通常有专名、音节少之外,由于相比于位置千古不变的山脉,河流流经的地方很广,故与河流有关的地名要远远多于与山有关的。

与河流相关的地名还有一些有意思的地方,比如,接近一条河的发源地的地名,多有一个"源"字。如湟源县位于黄河重要的支流湟水的源头。找一找,渭源、泌源、泾源、浑源、涟源都在什么地方?

位于江河中游的地名,多在专名之前加上"临"字。有一首很有名的唐诗:"北斗七星高,哥舒夜带刀。至今窥牧马,不敢过临洮。"描写的是唐代大将哥舒翰威镇西北的情形,诗中的临洮,是黄河上游的支流洮水中游的一座名城。找一找:临夏、临沂、临漳、临澧都在什么地方。

接近河口的地名,多在专名之后加上"口"字,如汉口,就是指汉江流入长江的地方。贵州赤水市有个两河口,因盘龙河和香溪河在这里汇合而得名。江苏有个临洪口,打开地图找一找,看看在什么地方,为什么会叫这个名字呢?

再找一找你家附近都有什么山川或者河流,又有哪些地名与它们有关系?

第 13 章

你的名字

问一下爸爸妈妈,当初他们是怎么给你起名字的,你的名字有什么含义?是不是包含有他们对你的希望和祝福?同样的道理,人们在给一个地方起名时,也会把这些因素加进去。如希望这个地方能政治安定、物阜民丰、安居乐业时,往往就会在名字之后加

上"安""宁""平""定"等字样——如延安,就是希望生活在延河流域的人们能够平安的意思;洛宁,就是希望生活在洛河附近的人们能够安宁。同样的地名还有伊宁、辽宁、江宁、泸定、康定等。

我以前有个朋友的爸爸姓李,妈妈姓贺,他的名字叫李贺,两个字分别取自爸爸妈妈的姓,是不是很有意思?有一些省名竟然也是用这种方式起的。如中国东南沿海的福建省,就是由以前的福州府和建州府合并而成的,合取两个府的前一个字,加起来就成了福建。同样,安庆府+徽州府就成了安徽,江宁府+苏州府就成了江苏,甘州府+肃州府就成了甘肃。

还有一些地名则更加有意思,如江西省的省会南昌,建于汉高祖五年,当时南越王赵佗占据广西,觊觎中原。高祖派遣颍阴侯灌婴率兵讨伐,以这个地方为根据地,进而平定南越,就将这个地方命名为南昌,是"昌大南疆"的意思。

在河南省北部新乡市附近有个获嘉县,它的来历也很有意思。公元前111年春,汉武帝到河南北部巡游,走到汲县的新中乡时,有一个叫路博德的将军派人送来南越丞相吕嘉的首级,汉武帝很高兴,就下令改新中乡为"获嘉",也就是擒获吕嘉的意思。

酒泉，在甘肃省河西走廊西部。据说，汉代名将霍去病在这里战胜匈奴，皇帝很开心，就赐给他许多美酒。他把酒倒入泉水中，与手下的壮士同饮，从此，大家就将这个地方叫作"酒泉"。现在这里是著名的卫星发射中心。

河南省西北部有个修武县，是中华大地上最古老的县名之一，至今已有3000多年历史了。周代之前这个地方叫"宁邑"。大约3000多年以前，周武王率领部队攻打商朝的首都朝歌（现在的淇县），去讨伐残暴的纣王。大军经过宁邑时，车轭突然断裂成了三截，接着，连续下了三天三夜的暴雨，军队根本无法前进。武王就问军师姜太公："车轭为三，天雨三日不止，难道天意不让我伐纣吗？"机智的姜太公回答道："轭折为三，是要我们把军队分为三军；天雨三日不止，是为我们洗涤兵马。"于是，武王"修武勒兵于宁"，就地驻扎修整，并改宁邑为"修武"。

和爸爸妈妈一起旅行时，除了欣赏美丽的风景之外，玩耍之余，可以去了解一下当地的历史渊源，养成这种习惯后，你的旅行一定会比之前更加丰富和有趣。

第 14 章
我们圆滚滚的家

　　小时候，我的家在一个山脚下，那山名叫"观音山"。那时候没有雾霾，天空中挂满了数也数不清的星星。傍晚，看着山顶上的星星，总觉得只要爬上观音山顶，就可以摘到星星了。李白应该也有过这种想法，不然他怎么会写出"危楼高百尺，手可摘星辰"的诗句来？有了这个想法后，我就老缠着爸爸，让他晚上带我去爬山摘星星。一开始，爸爸没理我，觉得我在无理取闹。禁不住我软磨硬泡，终于在一天傍晚，太阳下山之际，爸爸带着我向山顶出发了。我们历尽千辛万苦，终于到了山顶。你觉得我摘到星星了吗？没有！一到山顶，我发现星星好像也会爬山一样，都爬到更高的山上去了。我家附近有座名叫"九龙岭"的山，是方圆几十里最高的山，我发现星星都跑到九龙岭顶上去了。因为九龙岭离我家太远了，我没能说服爸爸带我到那里去摘星星。

　　小时候我有一个好朋友，我们俩几乎形影不离，每天都一起上学一起玩。在我一心想去摘星星的时候，他最想做的，是到天的尽头去

看看。因为他觉得太阳每天从他家背后的山上升起,傍晚则落到九龙岭的那一边去了。他认为天就像一个大大的碗,倒扣在我们住的地方,只要一直走一直走,走到九龙岭的后面,一定能走到天边。他还想到,走到天边时,他得小心翼翼地低着头、弯下腰,否则可能会撞到天边。有一天,他下定决心要去看看天边到底是个什么样子。于是,他在书包里装上干粮就出发了。走啊走啊,他走了好长时间,希望不久就可以用手摸到天。可是,他的遭遇和我一样:我的星星会爬山,他的天空会走路!当他向前的时候,天空也逐渐退后,他和天的距离,永远一样。直到最后,他实在是筋疲力尽,脚板都长泡了,他不得不打消了去摸天的念头。不过,他依然以为天就在山的那一边,他之所以没能走到天边,主要原因是累得实在走不动了。

　　你有过像我们这样的念头吗？现在，我们都知道，无论站在多高的地方，哪怕是站在珠穆朗玛峰上，也摘不到星星。就算走遍千山万水，无论是遇到平原、山川还是海洋，我们的头永远不会有和天相撞的危险，因为这蔚蓝色的天，在无论什么地方，高度总是一样的。简单地说，我们已经知道，地球其实是一个圆滚滚的球。如果沿着同一个方向，一直一直地走下去，最后我们可以回到出发的地方。

　　如今，我们可以很方便地看到这种图片，它是在宇宙空间站看地球时的情形。地球是一个漂亮的大大的球，自由自在地飘浮在空中，四周毫无依傍。

第15章

刺猬地球

即使我们已经确定地知道地球是圆的,有时还是会不由自主地产生这样的疑惑:为什么我们眼睛看到的一切,都表明地球根本就不是圆的呢?

不是吗?城市里有那么多高楼,北京国贸大厦那么高,在楼底下往上望,脖子都会望断,可它还远不算世界上最高的楼。这先不说,世界上还有那么多高山呢,8000米以上的山峰就有14座之多,而且分布在世界各地,最高的珠穆朗玛峰更高达8844.43米!还有那么多的

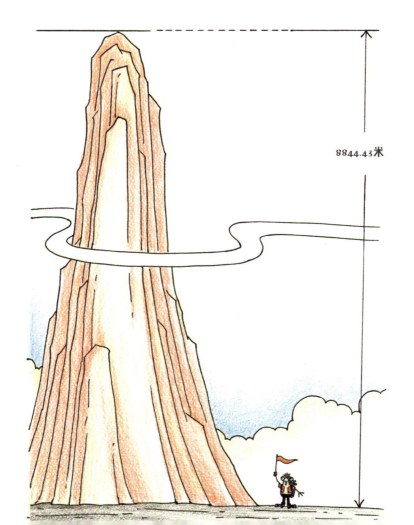

深谷、丘陵、平原和峭壁呢。这么说来,地球应该像个刺猬才对,怎么会是圆的呢?

有一次,我把这些困扰我很长时间的问题,一股脑地抛给了一位姓贾的"博学之士"(我给他取了个外号叫"假博士"),心里很得意:这么难的问题,看你怎么回答得出来!我等着看他尴尬的样子呢。他听后,说这真是个难题,得好好想想。后来,他莫名其妙地拿出来一个橘子,递到我面前,问道:

"这个橘子是什么形状的?"

"圆的啊!谁不知道。"我回答道。

"可是,你再仔细看一看:橘子的皮是皱巴巴的,可不是很平整哦,你怎么会认为它是圆的呢?"

"这有什么啊,橘子皮上的皱纹和水果的大小相比,根本可以忽略不计。所以它还是圆的。"

"这就对啦!地球上虽然有好多高楼大厦、崇山峻岭,到处都崎岖不平,可是,即便把最高的山拿来同庞然大物的地球来比较,也不值一提!因此,就像你把皱巴巴的橘子看成圆的一样,地球也仍然是圆的。"看得出来,"假博士"很满意自己的回答。

"假博士"接着给我画了一幅图:

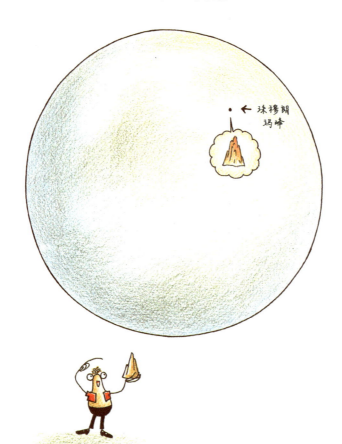

从那以后,我再也没有叫他"假博士"了。

第16章
地球上的几件怪事

很早以前，古代人的想法和我们差不多，都以为地球是个大平面，根本没有想到过地球会是个圆。不过慢慢地，有些细心的人发现了一些奇怪的事情，让他们对地球是个大平面产生了怀疑。下面我来给大家讲几个古代人发现的怪事。

有一个旅行家要到几公里开外的集市上去，到那里要经过一大片平坦的平原，去集市的路上一马平川，他的视线没有什么阻碍。他走着走着，抬头向前看时，看见了一座塔的尖顶。再走近一点，可以看到宝塔的上方了，再接着看见了塔基，最后，塔的全身都展现在他眼前。有过千百回这种经历后，聪明的古人得出了一个结论：地球不会是一个大平面，而该是弯曲的。因为如果地球是平的，无论在什么地方，这座塔不会是从顶端慢慢出现的，而是只要能看到就会一览无余。

画两张图会说得更清楚。下图中有两个人 A 和 B，都站在塔的右面，两人离塔的距离远近不同，但是两个人都能够一眼就看见塔的全体。

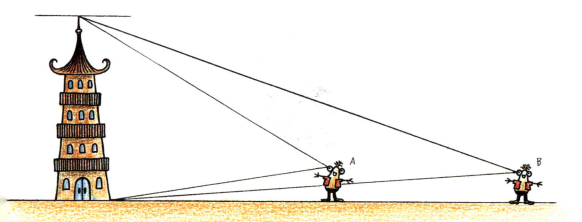

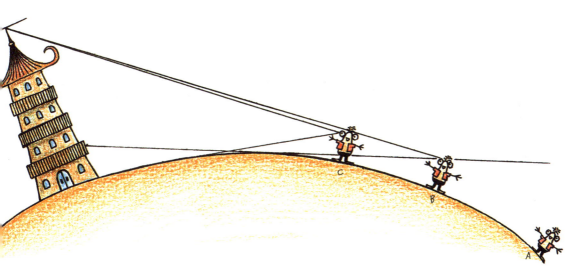

上图中,旅行家在 A 点完全看不见塔,因为地面的曲度阻碍了他的视线。旅行家走到 B 点时,可以看见塔的上半部,但塔的下半部分仍旧被地面的曲度所遮蔽。最后,当旅行家走到 C 点时,塔才全部映入眼帘。这种情况只能用"地面是弧形的"才能解释得通。只有地球是圆的,距离很远的物体才会被地面的曲度所遮蔽;距离越来越近,物体才会从顶点到基部渐渐出现。

在日常生活中,上面的这种情况很少见,因为很难找到一处广阔而又规则的平面,拿来做观察实验。事实上,常常会有建筑物、丘陵、山脊或是丛林之类的东西阻挡我们的视线。有一个地方特别适合做这种实验,你一定能猜到,那就是在大海上。海上平坦如镜,特别容易观察到这种因地圆而产生的奇怪现象。

靠海而居的渔民,常常会发现这样的情形:一艘船从汪洋无际的大海中驶近海岸时,船上的人首先看见的是岸上的最高点,如灯塔、山峰之类,接着才看见海岸的边缘。同样,一个观察者在岸上守望返航归来的船,则是先看见桅杆的尖顶,再是帆,最后才能看见船身。如

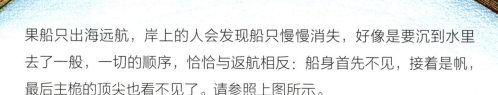

果船只出海远航,岸上的人会发现船只慢慢消失,好像是要沉到水里去了一般,一切的顺序,恰恰与返航相反:船身首先不见,接着是帆,最后主桅的顶尖也看不见了。请参照上图所示。

　　还记得我小时候的那个想去用手摸天的朋友吗?他之所以会有那种想法,是因为他看到天和地在远方是连在一起的。我们把这条天地好像连在一起的线称为"地平线"。地平线这个词是从希腊文来的,它最初的意思是"限制",用来指称环绕我们四周的界线。当我们站在旷野之中放眼四望,限制我们视线的那条线就是地平线。

　　在这条界线上,天和地好像是连在一起的。如果在一个空旷平原之上,没有什么高低不平的障碍物,放眼望去一平如砥(dǐ,磨刀石),那么地平线就会形成一个圆圈,圆圈的中心就是观察者。这种圆形的地平线,在海面上尤为明显。水面代表一个广阔平圆面的形象,它的外沿和蔚蓝色的天相接。如果地球是平的,在地面上我们一眼望去,只要我们的视力足够好,或者借助功能强大的望远镜,视野应当不会受到限制。但是实际上的情形却是:即便有世界上最好的望远镜,遇着地平线这种障碍,也会一筹莫展。所以地球不是平的而是圆的。这种情形,看看右页图就可以明白。

　　在球体上面,假设有一条竖立的直线 B,在 O 点和地面垂直相接。假设我们从线上的 A 点向四周观察,能够看见球体的哪些部分?这个

问题很容易回答。从 A 点我们引一条直线 AK，在 K 点和球面接触了。这条直线，可以看作是人的视线。在观察者和这条线与球面相接触的 K 点中间，一切都能够看清楚，在此之外的地方则如漆黑一片，什么都看不见。如果从 A 点引同样的线，如 AP、AQ、AR、AS 等，都和球面相接触，每一条线在和球面接触的一点，表示地平线上一点，把这许多的点连在一起，就会形成一个连续不断的圆圈。从其他任何一点（如 C 点）来观察，都可得到同样的结果。你会发现，站得越高，看得就越远，地平线所围成的圆就越大。

从存在地平线这一现象来看，地球也一定是个圆圆的球体。

好吧，上面的例子都很有道理，我也能理解，但是还有一个问题：为什么我一点都感觉不到圆形的曲线呢？为什么我走到什么地方都是很平坦的？

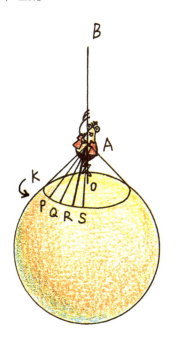
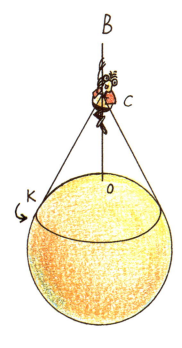

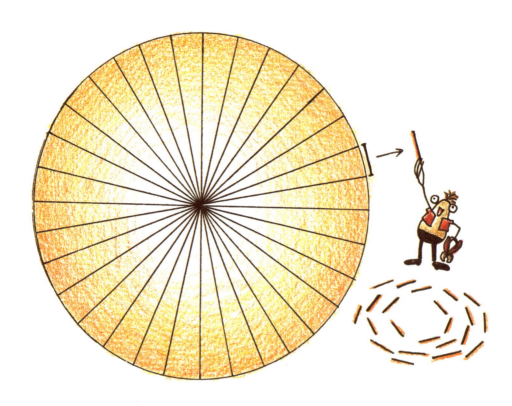

你可以找一根细铁丝,把它拧成一个圆,再用钳子把它分成两半,再把其中的一半平分,这样一直分下去,你会发现最后你拿到的铁丝不再是弧形了,而是直直的。也就是说,圆的局部其实是直线。相对于地球这个巨大无比的圆来说(想想前面我们把珠穆朗玛峰和地球对比的图吧),人的视线所及的范围都会是平直的。

第 **17** 章

圆滚滚的地球为什么不掉下去?

你喜欢玩气球吗？我小时候就特别喜欢气球，无论在哪里，只要一看到五颜六色的气球，腿就好像被什么东西给拴住了似的。我喜欢把气球吹得大大的，再把它抛来抛去。还有一种氢气球，可以做出各种各样的形状来，需要用一根长长的线拴住。有一次，我好不容易缠着妈妈买了一个，一不小心手一松，气球一下就飞得无影无踪了，害得我哭了好长时间的鼻子。

气球如果不牵着，要么就会飞上天，要么就会掉到地上。地球为什么就能一直悬在空中呢？它是不是被什么链子系住挂在天空中，好像我手里拿着系气球的绳索一样呢？

古往今来，有成千上万的旅行家有着和我一样的疑问，他们跑遍了全世界的各个角落，想尽了各种各样的办法，也没有能在哪怕一处地方发现这种锁链或绳索。他们看到的无非是高山大川、星空、云朵和海洋而已。

其实,不仅有成千上万的旅行家找过那条拴住地球的线,还有很多科学家也曾为此绞尽脑汁,其中就包括大名鼎鼎的牛顿。1665年,伦敦爆发了一场大瘟疫,为了防止传染扩散,许多学校被迫关闭,牛顿不得不离开剑桥大学,回到他母亲的庄园里。一天,牛顿靠在一棵苹果树下休息,只听到"咚"的一声,一只苹果砸到了他头上,他抬头一看,不远处的树枝上又落下一只苹果。当时,他正在思考月球和地球的运行轨迹,突然他想到一个问题:为什么苹果会向下砸到他头上,而不是朝上飞向天空或者其他方向呢?他顺着这一思路继续研究,后来,他通过论证发现,是地球吸引了苹果,物质间存在引力。他还发现:这种引力与两者的质量成一定的比例。这就是著名的万有引力定律。

为什么叫"万有引力"呢?万有引力是指自然界中的万事万物之间都存在着吸引力。

你一定会问了:"任何物体之间都有相互吸引的力,为什么我喜欢的朋友有时还会不和我玩,我对他没有一点吸引力?"

万有引力是牛顿在思考天体之间关系时发现的,天体最大的特点就是超巨大。地球就已经够大的了吧,可是在太阳系里,按大小,地球的排行只占到第五位,排第一的木星有1316个地球大!太阳则是地球的130万倍大!而太阳在所有已发现的恒星里,也只能算中等大小。

人们发现,万有引力只有在巨大质量的物体间才有意义。地球上两个常见物体之间的万有引力极其微小,我们根本察觉不到它,也没法利用这种神秘的力量。比如,两个重60公斤的人,相距0.5米,他们之间的万有引力还不足百万分之一牛顿。这里的"牛顿"是以发明家牛顿命名的计量单位,而不是把发明家牛顿分成百万份中的一份。百万分之一牛顿意味着什么呢?我们可以用蚂蚁来做个比较,蚂蚁拖

动一根细草时所需要的力量是百万分之一牛顿的 1000 倍!所以靠万有引力把朋友吸引过来的办法行不通。

但是,在天体系统中,由于天体的质量很大,万有引力就起着决定性的作用。地球之所以能悬在空中,正是因为有太阳这个巨大质量的恒星对它的引力。这种引力就是人们一直在寻找的拴住地球的神秘绳索。

我们可以用一个更直观的例子来说明这种引力。

用绳子拴住一个球,快速地抡(lūn)起来,球就不会掉下去。地球就是被太阳抡起来了,所以不会掉下去。

既然如此,我明白地球为什么一直悬在空中的道理了。不过还有一个问题:地球另外一边的人为什么不会掉下去呢?他们是头冲下地悬挂在地球上吗?

第 18 章

地球另一边的"可怜人"

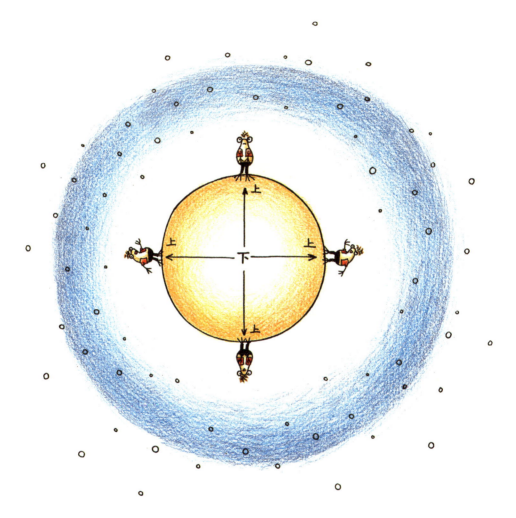

我们找一个大气球,把一只蚂蚁放在气球上,观察蚂蚁在气球上爬行时的情形。你一定会发现,当蚂蚁爬到你认为是气球的下面时,它并不会掉下去。前面我们已经知道,相对于蚂蚁在气球上,人在地球上要小得多得多。那些生活在我们对面的"可怜"的人类,根本就不会掉下去,我们大可不必担心。

但是,这是为什么呢?

所谓的上下,其实是人对引力的一种感觉,习惯上,我们把被吸引的方向叫作"下",而背向引力的方向叫作"上"。我们生活在地球上,地球对我们有引力,所以我们以朝向地球为下,离开地球为上。

想想地球悬浮在太空的情形。在你所处的位置抬头仰望,你看到的是长空万里或者繁星点点。那么,在地球的另一边和你相对的位置上的人,他们看到的会是什么呢?观察一下气球下方的蚂蚁,你就会明白,他们看到的依然是长空万里或者繁星点点。再转到你的右边或左边环绕地球半腰处的地方,那些地方的人看到的又是什么呢?依然是长空万里或者繁星点点。所以,无论在地球的什么地方,人们看到的都是横无涯际的长空万里或者繁星点点。

对每一个地方的人而言,永远是以朝向地球为下,离开地球为上。如果把背景放置在宇宙空间里,则没有"上""下"之分。

"地球另外一边的人为什么不会掉下去呢?"这个问题的提问者,当他在问这个问题时,实际上就把自己置身于地球之外了。

宇宙空间里,不仅仅没有上下之分,还没有左右之分,你能想明白吗?

第19章

大海捞针

小时候你喜欢藏猫猫吗?我是太喜欢了,我总能找到一些稀奇古怪的地方,让别人找不到我。我最得意的时候,是他们怎么也找不到我时,用求饶的语气说:"你到底在哪儿啊?出来吧,我们找不到你。"这时候,我不会立即出来,而是会对他们说:"看看客厅沙发底下有什么啊!那就是我藏的地方。"

只要告诉别人你藏的地方有什么东西,别人就能很快找到你。在小区里也是如此,只要告诉别人你是在游乐场还是中心花园,别人很快就能找到你。同样,在城市里,只要告诉别人你住的小区或者你的学校所在地,别人也很容易找到。但是,如果在茫茫大海上,四周什么都没有,如果你乘坐的船只遇到了大风暴,急需别人救援,这时候你应该怎么让别人尽快找到你呢?

这是不是像大海中捞针一样难?没关系,我们一起来想办法。

地球太大,想起来太麻烦,我们先来把问题简单化。地球是一个圆球,看看手头有什么东西是圆球形的?我喜欢打乒乓球,就把地球看成一个乒乓球吧,它小小的容易拿在手里。我们在乒乓球上用笔随便点一个点,假设那就是暴风雨中需要救助的船只所在地,怎么才能准确迅速地让人找到它呢?当然,我们不能直接把乒乓球拿给别人,指着上面的点说:"它就在这里,赶快去救他们吧!"因为没有谁能拿得动地球。

藏猫猫的游戏告诉我们,要想别人找到自己,就得有参照物。但乒乓球上到处都一样,怎么找参照物呢?

中国春节有挂灯笼的习俗,你买过灯笼吗?灯笼买回来时通常是扁平的,需要自己撑开,你试着撑过吗?有没有注意到,圆圆的灯笼是

一根根竹片或小铁丝组成的。如果有哪个地方出了点小问题,我们会说在这条线附近,如果要准确说出是哪条线时,我们只需要把这些线标上序号。

这对我们是一个启发,我们也可以在乒乓球上画上这样的线,并标上序号试试:

嗯,有眉目了。现在我们至少可以知道,那艘船在6号线上。

但在6号线的什么地方呢?在离接缝1厘米左右,定位成功!

有6号线和接缝两个参照点,我们就能成功找到船的位置。

但是接缝1厘米处,表述起来还是有点困难,而且还需要去测量,既费时又麻烦。还会有别的办法吗?

对了,我们可以依照接缝画出更多的线来,并把它们也标上序号。

有了这两种线的帮助,我们就能很方便地找到乒乓球上任何一个点的位置。

第 20 章

地球上的两种线

其实，地球上位置的确定就是这样来的，只不过更加科学和方便。

我想你一定喜欢玩球，小皮球、篮球、足球、排球、乒乓球，有没有发现，有些球是由两个半球组合在一起的，中间可以看到一条接缝。地球也是个球形，人们也习惯于把地球分成两个半球。

在上面的叫北半球，下面的叫南半球。区分南北半球的那个圆圈叫作"赤道"。赤道这个圆圈在地球上你找不到，它并不是真实存在的，而是人们想象出来的。

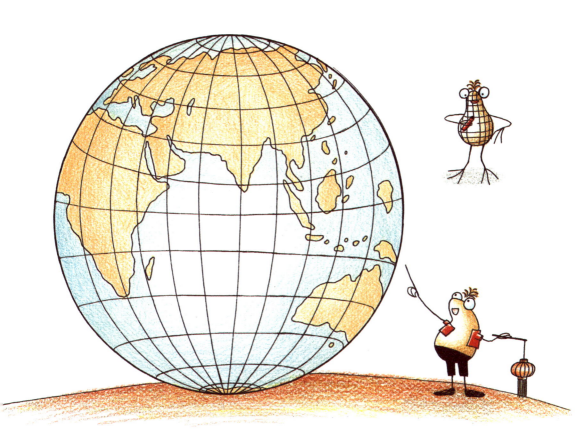

于是，人们想象地球上有两种线，有了这两种线，就能方便、科学地定位任意一个地方了。

人们把灯笼上的那种线叫作"经线"，把平行于乒乓球接缝的那种线叫"纬线"。在中国，"经"指编织物上的纵线，也就是竖线，"纬"指编织物上的横线。

地球上任意一点的纬度，指的是该点与地心连线跟赤道平面形成的夹角。赤道以北的叫"北纬"，以南的叫"南纬"，南北纬各分为90度。此夹角最大的两个点为两个极点，为90度。这一点很好理解。

经线我们怎么来给它标识呢？要标识就得有起点，纬线有赤道这个自然的起点，再往南北各90度。经线以什么为起点呢？从理论上来讲，任何一条经线都可以做起点。全世界的人们经过反复讨论，最终一致同意，以通过英国格林尼治天文台的经线为0度，这条线又称为"本初子午线"。在本初子午线以东的经线称为东经，以西的经线称为西经，各分为180度。为什么又要分为东经和西经呢？为什么不直接从0度到360度呢？这可能是人类天然有一分为二的思维模式，喜欢把一个球形物分为两半来看待。东经180度和西经180度在太平洋上重叠，这条经线又叫"国际日界线"，为什么叫"国际日界线"，我们在以后会讲到。

我们前面讲过，人们把地球分为南北两个半球。既然有东经和西经之分，是不是也有东西半球之分呢？是不是东经0—180度就是东半球？西经0—180度就是西半球呢？

确实，人们除了把地球分为南北半球外，还有东西半球之说，但东西半球却不是以本初子午线、180度经线为界，而是以西经20度、东经160度为分界线。是不是很奇怪呢？西经20度和东经160度本来没有什么特殊意义，人们以它们为划分东西半球的分界线，是因为这个经线圈穿过的陆地最少，不会把有些国家切分在两个半球上。

那你肯定会问了："赤道不也穿过很多国家吗？有很多国家就横跨南北两个半球啊！这为什么又可以呢？"因为赤道是天然的地球中心，它的位置无法变动，所以即便有好多国家会被赤道分在南北两个半球中，也没有办法。

有了这些数据之后，地球上的任何一点都有唯一对应的经纬度了。只要知道了一个地方的经纬度，就能很快找到这个地方。

比如，北京的经纬度数据为北纬 39 度，东经 116 度，找找看，是不是很快就能找到它？你家在什么地方，试着找出它的经纬度数据看看。

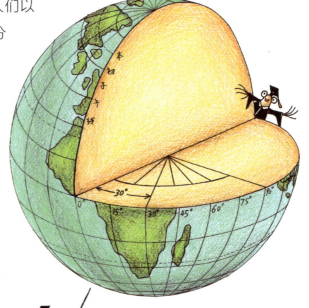

地球任意一点的经度，指的是该点所在经线与地轴组成的平面和本初子午线与地轴组成平面的二面角。由于地球是球形，该二面角的大小本应从 0 度至 360 度，但实际上经度分为东西经度，故以 0 度经线（本初子午线）和 180 度经线将地球分为两半，经度范围分别为东经 0—180 度，西经 0—180 度。

第 21 章

为什么感觉不到地球在动?

地球并不是一动不动地悬挂在空中,她像我们一样,每天都有事情做。不过,她做的事情有点枯燥,你一定不会喜欢,那就是转圈圈。地球每时每刻都在不停地转圈圈,这是她最重要的工作。

你一定参加过跳绳比赛,或者和朋友比过谁跳得快、跳得多。那你和别人比过转圈圈吗?我最怕转圈,转一个圈就会晕,这种比赛我老输,我的一个朋友一口气能转 30 多个圈,我管她叫"转神"。

如果我们想邀请爱转圈圈的地球一起来参加这种比赛,她一定会要求修改比赛规则:不是比谁转得最快,而是比谁转得最慢!不然我都能赢她。

地球转圈的速度别说和我那个"转神"朋友比了,哪怕一个刚刚学会走路的小朋友都能赢过她,因为她转一圈需要整整一天时间!要是比谁转得慢,那一定是地球了,我们谁也比不过她。

虽然地球转一圈要一天时间,但奇怪的是,地球转的速度却很快,你是不是有点糊涂了?这是因为,相对于人来说,地球实在是太大太大了,她拖着个巨大的身子飞速地旋转,也得一天才转完一圈。她转得有多快呢?拿北京来说,在这一点上,地球转圈的速度大约为每秒360米,换算成公里,为每小时1296公里,比我们平时坐的飞机还要快!而在赤道上,地球转圈的速度高达每秒466米,换算成公里,则为每小时1677.6公里!

这两个地方的速度不一样,是因为地球是个球形。我们可以随手做个试验来弄明白这一点。你把手伸展开,在原地转圈,看看手掌和肩膀在转圈时的速度是一样的吗?由于手掌转一圈走过的距离大于肩膀转一圈所走过的距离,所以同样跟着身体转一圈,手掌的速度要快于肩膀。赤道如同在手掌的位置,北京则在肩膀的位置,所以赤道的转速要快于北京的转速。

你一定要问了:"地球转这么快,为什么我一点也感觉不到?"

当我们坐在汽车或火车上行驶时,会觉得道路两旁的房子、树木、山川、河流好像都是在急急忙忙地往我们身后走似的,如果不是偶尔的颠簸或者车轨的声音提醒你,这种幻觉就更加真实了——你会以为看到的所有的景物,都是在急急忙忙地运动着。同样,飞机、轮船上的乘客也会有相同的幻觉。也就是说,当我们坐在平稳移动的物体上快速前进时,附近静止的物体看起来就好像是在沿着和我们相反的方向运动。

地球转圈圈时,我们之所以感觉不到地球的运动,是因为地球在转圈圈时悄无声息,没有任何震动和颠簸,所以我们深信自己是静止的,而种种的天体是环绕着我们运动的,它们运动的方向是从东到西,和地球每天运行的方向恰恰相反。正如我们在各种交通工具上,感觉外面的东西都是迅速地从我们身边跑走一样,我们以为太阳和星辰每天围着我们在转。

第22章
乘热气球周游世界

好吧,地球无时无刻不在运动着,这一点我算是明白了。不过,我还有一个问题:既然地球每天都在转圈圈,速度比飞机都要快,那么,假设我乘热气球升到空中,岂不是可以看见地球在我们脚下旋转么?海洋、岛屿、名山大川,应该都会在我的眼皮底下一一现身,展现各自的美妙。我们岂不是可以免去长途旅行之苦,坐在热气球上就能轻松饱览地球上的无限美景!要是在热气球上待上二十四小时,就可以把地球整个欣赏一遍,那该是多么有趣的旅行啊!如果在空中看到朋友的家时,就马上降落下去找他(她)玩一玩,简直太棒了!寸步不移,遍览全球!

这个主意确实很让人向往。不过，我必须提醒你：一定要小心谨慎。前面我们说过，地球转圈圈时，虽然转一圈要一天时间，但速度很快，比飞机还要快，地球上有这么多的高山，它们会接二连三地从你身边呼啸而过，你得学会如何躲避这些不速之客。这看似很惬意的旅行，其实是非常危险的呢。是不是有点担心犹豫了？没关系，听我接着说完，你就不会再纠结了——其实这种想法是不可能实现的！

你看过一部名叫《火星救援》的电影吗？电影讲的是一名宇航员在火星上生活的故事，很好看。宇航员在火星上行走时，必须戴上圆形头盔，背着氧气瓶，因为火星上没有人存活下来所必需的氧气。而氧气在地球上却取之不尽，因为地球表面包裹着一层厚厚的大气层。这层大气既为生命所必需，又为地面生物提供了良好的保护。如果没有大气，来自太空的陨石将像超级炮弹一样，将地面的一切毁坏殆尽。因有大气保护，绝大部分陨石尚未落地之前，就已经因为与大气层摩擦而焚烧消失了。由此所产生的细微粉尘，则恰恰使直射的日光受到一定程度的散射。这一散射对人的视觉非常重要，它不但使天空呈现明亮美丽的蔚蓝色，而且使地面的光照变得柔和均匀，使人获得均衡的视觉。否则，地面景物在强烈的直射阳光下，明暗对比将过分强烈，难以形成清晰的影像。想想当你从地下车库冲向阳光灿烂的地面时，眼前会因为刺眼的阳光而一片模糊，如果什么时候都是那样，就太可怕了。

因为万有引力的关系，包围地球的大气层也随着地球运动，实际上它已经成了地球的一部分。因此，你的热气球升上天空后，也会被大气层所裹挟，和地球一起转圈圈。地球的高速旋转会给热气球极大的惯性速度，热气球是无法静止不动的，就如同你从行驶的车中跳下去

无法马上站稳一样。说到这里,你可能会觉得很遗憾,要是大气层不动就好了。可是,大自然的鬼斧神工总是让人惊叹,一切似乎都有它的道理。大气层如果不跟随地球一起转动,后果就太可怕了,可不仅仅是一场美妙的旅行无法进行那么简单。

我们在奔跑嬉戏时,即使那天没有一丝风,脸上还是能感觉到空气的流动,好像有人拿着扇子在给我们扇风一样。当我们坐在飞快行驶

的汽车或者火车上时，把车窗打开，就会感觉到一阵阵狂风迎面吹来，即便外面没有一丝风，也丝毫不会影响你开窗时遇到强风。等到车停下来，再打开车窗，风不见了；一旦车重新开动，风又来了。车速越快，风速也就越快。所以我们可以知道，有两种风——一是因空气的运动与静止的物体相激荡而产生的，一是因物体的运动与静止的空气相激荡而产生的。第一种就是人们讲到天气时说的风，第二种就是车行进时所形成的风。

现在假设地球自转的时候大气层是静止不动的，我们来看看会发生什么事情。

还记得地球自转时的速度吗？如果大气层静止不动的话，地面上一切的物体，会用汹涌的力量来冲撞静止的大气层，地面上会形成猛烈的飓风！地球上最猛烈的飓风，风速为372公里/小时，是1934年4月12日在美国新罕布什尔州的华盛顿山记录到的。它的力量足以摧毁一切，能把巨石像微尘一般席卷而去。而我们知道，地球自转的速度是它的四五倍，并且永远不会停歇，它所产生的后果远远超出人们的想象。这种暴风是没有什么东西能够抵御的，你所乘坐的热气球一定会在片刻之间灰飞烟灭。现在，请告诉我：当地球转圈圈的时候，到底是让大气层随着一起转好呢，还是让大气层不动为好？

第 23 章

陀螺和地球

　　我小时候是个玩陀螺的高手。我玩的是那种很原始的陀螺，陀螺是用木头一刀刀削制而成的，然后我会在一根棍子上绑条长长的绳子，就可以用来鞭打陀螺了。玩的时候把绳子一圈又一圈地绕在陀螺上，把它往地上使劲一甩，再挥舞鞭子不断地抽打旋转着的陀螺。我会两

种玩法：一种是让陀螺在原地打转；一种是让陀螺打转的同时还到处走，通常是绕着圈转。

地球的旋转和我后一种陀螺的玩法类似。地球每天在同时转两种不同的圈圈：一种是我们已经说过的每二十四小时旋转一周，人们通常称之为"自转"。还记得之前说地球为什么不掉下去吗？是太阳用看不见的"线"——引力——拽着她，我们还用了一个比喻：用一根绳子拴着球抡。地球还有一种运动就是绕着太阳转，沿着一种弧形的轨道环绕太阳，每十二个月环绕一周。这种转圈，人们称之为"公转"。

当陀螺老守住一处地方旋转的时候，它只绕轴旋转；但是当你们用一种特别的方法将陀螺抛下去，陀螺可以一面在地上兜大圈子，一面自己以陀螺尖为中心旋转。陀螺以尖端为中心的旋转，可以代表地球绕轴自转，而在地上兜大圈子，则可以代表地球环绕太阳公转。

我们可以准备一个小地球仪或是一只橘子——橡皮球也可以,然后在没有光亮的房间里点上一根蜡烛,你拿着球对着蜡烛站好,接下来你就会明白白天和黑夜到底是怎么一回事了:球对着蜡烛的那一面被照亮,而另一面则因为背光所以黑乎乎的。用墨水在球上画一个圆点,用它代表你的家;然后调整球的角度,让"你的家"面向蜡烛。现在,慢慢转动手中的球,球面上的圆点随着球面慢慢移动,直到最后移动到背光的那面,失去蜡烛的光芒。接下来,如果你继续旋转球体,那么这个圆点会再次被蜡烛照亮。

你手中的球代表地球,而蜡烛代表太阳。当那个圆点正对着蜡烛时,相当于你的家时间上正处于正午时分。然后,当球继续在手中旋转,这个点就会慢慢地告别蜡烛光。什么意思?也就是说太阳下山,夜晚降临。由于这个圆点始终随球朝着一个方向转动,所以它最终会再次迎来光芒。如果此时你就站在这个圆点上,你一定会说:"瞧,太阳又从地平线上升起来了!"

小时候我家附近有一个大广场，白天大人们用来晒稻谷、做腌菜，一到傍晚就成了我们孩子的天下，全村的孩子都会跑到那里去游戏打闹。每天我们都要一直玩到爸妈来叫："回去啦，看，天都黑了，还不赶紧回去！"总是要大人反复说好多次，我们才会心不甘情不愿地走回家，边走心里还边嘀咕："天为什么要黑呢？太阳不下山就好了，一直是白天，那样我们就可以一直玩。"

现在看来，如果地球刚好转到我们面向太阳时停下来，把太阳钉在天上不动，我小时候的梦想就能实现了！不过与此同时，地球的另一面则是无止无休的黑夜，那生活在那一面的小朋友们可就惨了，他们只有一直睡觉。天哪！太可怕了，那一定是他们最不想做的事了！他们一定会争先恐后地跳进飞机、轮船，跋山涉水跑到我们这一面来看太阳。可他们听不懂我们的话，吃不习惯我们的饭菜，世界一定会乱套的。这样看来，地球还是自转的好，就像现在一样，这样我们就既能不耽误白天的工作和玩耍，又能在晚上好好睡觉休息了。

第 24 章

难度系数最高的转圈圈

你喜欢观看体育比赛吗?激动人心的比赛场面是不是让你觉得很刺激?体操是我喜欢看的体育项目之一,运动员可以自己来选择参赛动作,每个动作都有相应的难度系数,在动作完成质量一样的前提下,难度系数越大,得分越高。

虽然地球转一圈很慢,要一天时间,但她转圈的难度系数比我们的要大很多。练芭蕾舞转圈时,老师都会要求我们挺直腰板,身体的中心在一条直线上,转的时候绕着中心线转。可是,地球转圈的时候,中心线却是斜着的,这一难度系数应该没有哪个地球上的人敢挑战。

我们把地球自转时的中心线称为"地轴",这是一条想象中的线,在现实中并不存在,就像教芭蕾的老师要求你的身体中心线要端正一样,身体的中心线也是想象出来的。人们把想象中的地轴与地球表面相交的地方叫作"极",地球上下各有一个极点,上面的叫"北极",下面的叫"南极"。

地球斜着转圈不仅增加了她自身的难度,还给人类生活带来了非常大的影响。

如果地球是平面的,太阳照在地球上会是这样的:

上体育课时,老师会要求你们立正吗?立正就是笔直地站着。我以前军训的时候,教官特别严格,我们在站军姿时,他会拿大大的量角器测我们身体和地面的角度,如果不是90度我们就会挨罚。如果地球是一个大平面的话,太阳光会垂直地照在地面的每一处,要是我以前的教官看到了,一定会表扬她的。我们把这种太阳垂直照射在地面上的现象叫作"直射"。

如果地球是垂直站立的话,太阳照在上面会是这样的:

在这一情况下,我们看到,能得到教官喜欢的就只有一个地方了——太阳照射在球形地面上,就只有一个地方是直射,这个地方就是球的中央,它有一个专门的名字,叫"赤道"。这时候"好学生"就只有赤道了。

但是我们知道,地球常常是歪着转的,太阳照在上面就成了这样:

　　发现有什么不同了吗？看出来了吧，太阳的直射点换地方了，"好学生"不再是赤道了，被别人抢去了。

　　除此之外，还有一个不同，仔细看看。如果地球直立，太阳光线沿地轴平分地球，太阳像一个公平的好妈妈，把太阳光线这个宝贵的东西平均给了南半球和北半球两个宝宝，南北半球得到的阳光一样多。但现在就不一样了，南北半球这两个"双胞胎"像两个不安分的淘气鬼，让她们学芭蕾，她们不好好练，非要做些搞怪动作，老是斜着身子转圈圈。这让太阳妈妈很生气，失去了一颗公平的心。在上面这幅图上，我们可以看到，太阳妈妈更偏心于北半球，给了它更多的阳光。那太阳妈妈是不是会一直这么偏心北半球宝宝呢？

第 25 章

画一个椭圆

在回答这个问题之前,我先考考你。

你会在地上画圆吗?这太容易了,找个木棍在地上一插作为圆心,拿根绳子一头绕在棍子上,一头套一支粉笔,拿着粉笔绕个圈就是一个标准的圆。

那你知道椭圆吗?你会在地上画出椭圆吗?你不一定知道吧?我来教你画。

找一根没有弹性的麻绳或尼龙绳,再找两根小钉子插在地上,两根钉子的距离要比绳子的长度小一些。再把绳子的两端固定在两个钉子上,中间留出一定长度的余量。用粉笔靠紧绳子,按照下图先后绕两根钉子绕圈就能画出漂亮的椭圆来。我们把画椭圆时两根钉子所在的点叫椭圆的焦点。圆只有一个圆心,椭圆有两个焦点。

我们知道,地球不仅会自己绕着地轴自西向东转圈圈,她还会绕太阳转,像我小时候第二种陀螺的玩法一样,人们称之为"公转"。我们先来玩个游戏,看看地球是怎么绕太阳转的。

找一张圆桌,在圆桌上面放一支燃烧着的蜡烛来代表太阳。你一面绕桌走,一面踮着脚尖自己旋转。你每自转一圈,相当于地球绕地轴自转一周;你绕桌环行一周,则相当于地球每年环绕太阳公转一圈。在旋转

的时候，观察蜡烛的光线，会先后照射到你的脸上、你的右耳、你的后脑勺，和你的左耳上。在这一模仿游戏里，你可以假想自己的头是地球，头上的每一部分，在蜡烛光线的照射下，会或显或隐。地球运行的时候也一样，各部分陆续接收到太阳的光线，朝向太阳的地方就是白昼，背面就是黑夜。

我们前面说过，地球自转的难度系数很高，因为她旋转时围绕的中心线不是垂直的，而是永远朝一个方向斜着。在上面的模仿实验中，我没有让你试这个高难度动作，因为实在太难了。更不可思议的是，地球在绕太阳公转时，也一直保持着这种高难动作。我们画个图来看看她是怎么转大圈的吧：

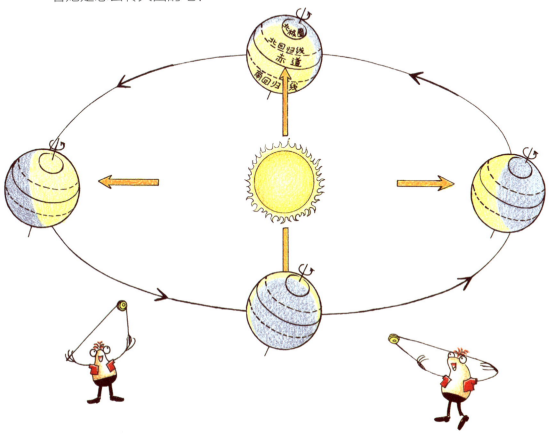

地球公转的轨道与我们刚刚绕圆桌的游戏有一点点不同,它是椭圆形的。而我们已经知道,椭圆有两个焦点,地球公转时太阳在其中一个焦点上。而焦点是不在椭圆中心的,因此地球离太阳的距离,有时会近一点,有时会远一点,我们把地球离太阳最近的点叫作"近日点",把地球离太阳最远的点叫作"远日点"。

第 26 章

地球上的"好学生"

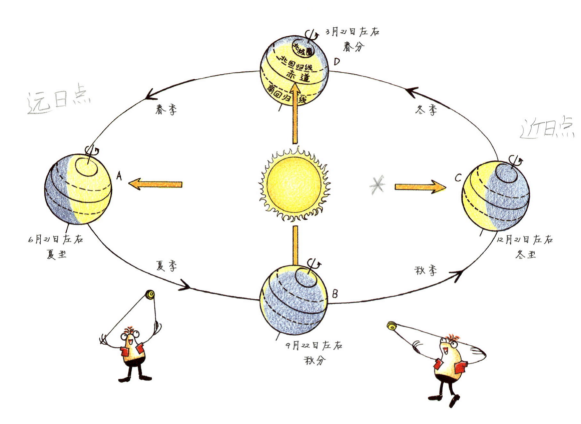

我们再来复习一下这张图,看看地球上的"好学生"有什么变化。

看出来了吗?在 6 月 21 日左右 A 点是"好学生",赤道做了两次教官的"好学生"(B、D),C 点在 12 月 21 日左右成为"好学生"。

在右页图中,我们把 E 点所在的那条线叫作"北回归线",太阳在 6 月 21 日左右到这一点后不再往北而是往回走了,在这一条线以北的所有学生都没有机会成为"好学生"!我们把 G 点所在的那条线叫作"南回归线",太阳在 12 月 21 日左右到这一点后不再往南而是往回走了,同理,在这一条线以南的所有"学生",也都没有机会成为"好学生"!而在南北回归线之间的"学生",每年都会有两次做"好学生"的机会,太阳每年都会两次直射在这个区域。

我们再来看看太阳妈妈,她是不是一直偏爱北半球宝宝呢?

在 A 点时,北半球宝宝得到的阳光要多得多,B、D 两点太阳直射在赤道上,太阳妈妈公平地对待南北半球两个宝宝。在 C 点时,情况发生了变化,太阳妈妈把更多的阳光给了南半球宝宝。

原来太阳妈妈还是同样地爱着她的两个宝宝,只不过是在一段时间里,把更多的阳光给了北半球宝宝,而在另一段时间里,则关爱南半球宝宝多一点。太阳妈妈给两个宝宝的阳光总量是一样的。

太阳妈妈这种给予关爱的方式,使得我们有了四季的更替。南北半球受到更多阳光照射的时候就是夏季,阳光照射少的时候就是冬季。

上图中标出了地球每年绕太阳运行时的四个主要位置。6 月 21 日左右,为夏季之始,称为"夏至",地球恰好是在 A 点;9 月 22 日左

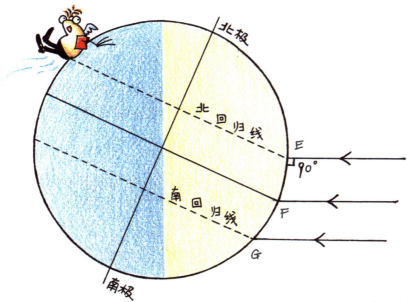

A 点(6 月 21 日左右)太阳照射地球的情形

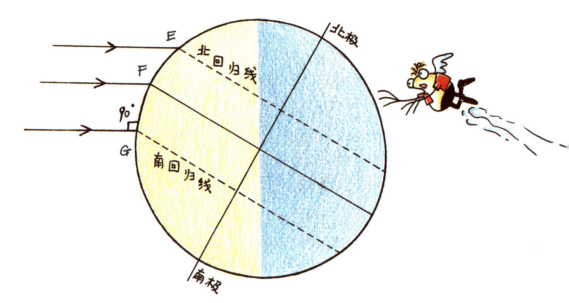

C 点（12 月 21 日左右）太阳照射地球的情形

右，为秋季之始，称为"秋分"，地球恰好在 B 点；12 月 21 日左右，为冬季之始，称为"冬至"，地球的位置恰好在 C 点；3 月 21 日左右，为春季之始，称为"春分"，这时地球位置恰好在 D 点。夏季就是地球自 A 点循着轨道旋转到 B 点这一段的时候，秋季为自 B 至 C 这一段的时候，冬季则相当于自 C 至 D，而春季的时候则为自 D 至 A。

第27章

暖暖的夏、冷冷的冬

你有没有注意到，夏天天黑得晚，可以在外面一直玩到晚上七八点钟，太阳好像特别舍不得离开我们似的；而且白天也天亮得很早，听爷爷说，清晨四点多太阳就上班了。温暖的阳光会陪伴我们达十六小时之久。当地球运行到前面图中的 A 点时，北半球所有地方太阳升起的时间比任何时候都要早。到了中午时分，太阳虽然没有恰好在我们的头顶，但也相差无几，要看太阳，差不多要仰望才行。那时的阳光是多么耀眼，多么酷热逼人啊！满处都是阳光充塞着——这就是我们白天最长、黑夜最短的一天。这时再向北走，那里白天会更长，夜会更短。有些地方，太阳凌晨两点就出来了，到晚上十点才下山；再往北一些的地方，太阳凌晨一点就出来了，晚上十一点钟才开始下山；再往北，太阳的上升和下落几乎同时，太阳只在地平线下面略微一点，马上又重新出现。最后，靠近北极，更可以看到太阳的奇景：太阳竟然根本就不会下落，而是绕着观察者四面环行。有时候好几个星期甚至于好几个月，一次都不会沉到地平线下面去，太阳总是高悬空中，黑夜也如白昼一样，四周看得清清楚楚。这些地方全是白天，没有黑夜！你会不会大声叫起来："哇，太好了，我要是生活在那里就好了！"会不会想马上动员爸爸妈妈搬到那里去住？

现在我们去看看南半球宝宝那里是什么样子。在那里，你所看到的种种事情，会与此截然相反：太阳的光线不再耀眼，温度也低了，白天变短了，黑夜变长了。一直往南，到了靠近南极的地方，竟然整天都是漫漫长夜，看不到一点白天的影子。六月底，地球南北两半球的情形恰好相反：北半球白天长、夜晚短，阳光普照，温度很高，接

近北极处阳光终日长在；而南半球则白天短、夜晚长，太阳光线微弱，温度很低，接近南极便只有漫漫长夜了。

北半球再过六个月就到冬天，这是一年四季中最后的一个阶段。与夏季相比，这时候的世界真是天壤之别！下午放学回来还不到五点，天就快黑了，简直就没法在外面玩了；早上天还没亮，妈妈就叫我起床了，到学校开始上课时，天才大亮。中午时候的太阳，用不着再抬头去找了，很容易就能看见，它几乎就远远地挂在南方的天空中。这时的太阳黯然无光，不再像夏日炎炎的时候那样可怕了。

这时的白天，你看是多么短暂啊！太阳好像一下子换了个人一样，不到早上八点不会上来，可是一到下午四点便匆匆下山了。白天加起来只有八小时，而夜晚却长达十六个小时，正好和六月相反。再向北去，夜晚的长度还会慢慢增加，由十八小时到二十小时，以至于二十二小时，白天也相应地减为六小时、四小时，以至于两小时。到北极附近，太阳简直不露脸了，几乎没有白天可言，无论中午还是夜半，一律都是长夜漫漫。

第 28 章

为什么冬天离太阳更近?

冬天为什么比夏天冷呢?难道是太阳离地球比夏天更远了吗?还是太阳照射了一个夏天,累得没劲儿了,就要熄灭了?

其实都不是。太阳的火是一种永远不会熄灭的火,不知疲倦也不会疲倦地一直用同样的热度燃烧着,把同样丰富的光和热散射到地球上来。冬天,太阳也不是离地球更远了,事实正好相反,此时的地球位于近日点附近,距离太阳要比夏天更近一点。

那就更奇怪了。我们都知道,烤火时离火炉越近越暖和,越远越冷,怎么会离太阳近了,反而是温度更低的冬天呢?

在寒冷的冬天,大家一起围坐在火炉边,你最喜欢待在什么地方?

我想如果让你选的话,你一定会选 A 点,为什么不选 B 点呢?很明显,虽然这两个点与壁炉的距离一样,但是 A 点是正对着壁炉,B 点是斜对着壁炉。在 A 点,壁炉里火的热量可以直接辐射在人身上;在 B 点,壁炉里火的热量则是斜着辐射在人身上,前者要比后者暖和。

也就是说,烤火时影响我们暖和程度的因素有两个:离壁炉的远近和与壁炉的角度。离壁炉近但是角度是斜斜的,一定不如同样距离正对的角度暖和。

我们知道了,椭圆有两个焦点,地球绕太阳公转的轨道是椭圆形的,太阳位于其中的一个焦点上。这两个焦点的距离有多远呢?也就是说,在近日点和远日点,太阳与地球的距离差多少呢?两者大约相

差500万公里。哇,500万公里,这么这么远!但是当你知道下面的数据后,你可能就不会这么吃惊了:在近日点时,地球与太阳的距离是1.471亿公里;而在远日点时,地球与太阳的距离为1.521亿公里。是不是还是没感觉?因为天体之间的距离太过庞大,远远超出人们日常的思维。我们来换算一下。

我们把近日点时地球与太阳的距离,看成是你一个同学,他身高1.471米。

把远日点时地球与太阳的距离,看成是你另一个同学,他身高1.521米。

他们俩相差 5 厘米,远远看去,你会觉得他们俩的身高有很大差别吗?应该不会。

也就是说,近日点与远日点 500 万公里的差距,相对于地球与太阳那么远的距离而言,极其微小,以至于对太阳光照的影响可以忽略不计。

除了距离,影响暖和程度的另一个因素是太阳光的照射角度,会不会因为这个原因导致冬天的温度低很多呢?

我们来看看左页这张图,图中地球的位置正是在 12 月 21 日左右,即 124 页图中地球轨道 C 点的处所。在图中,我们可以看到,北极圈此时都是长夜漫漫,而北半球全境,此时是夜晚长白天短,越向北走,夜晚越长,白天越短。此时,赤道上昼夜平分,而南半球则昼长夜短,南极圈内又是无夜可言。

此时,S 点成了教官的"好学生",由于地球同时在自转,经过 S 点会形成一个圆圈,在这个圆圈上的所有点都是"好学生";但是当一个人从这个圆圈向北或是向南走的时候,太阳光线便从垂直的渐渐偏斜起来。经过 S 点,而在 12 月 21 日左右太阳光线直射到的这个"好学生圆圈",被称为"南回归线"或"冬至线"。

我们可以看到,这时北半球所有地区的阳光都是斜斜地照射过来,这就是冬天气温低的主要原因。

现在我们总结一下:6 月 21 日左右北半球是白天长、天气暖和,在南半球则是白天短、天气寒冷;12 月 21 日左右两半球正好互换,南半球白天长、天气暖和,而北半球则白天短、天气寒冷。

第 29 章

热带和温带

接下来我们再来看看 B、D 两点的情况。

9月22日左右地球到达 B 点，正在 A 和 C 之间。也就是说，在这个地方，太阳直射在赤道上。这时太阳光平分地球，地球上的绝大部分地方，白天和黑夜一样长，各为十二小时。到了3月21日左右，地球到达轨道上的 D 点，此时的情况也和 B 点一样。我们把9月22日（有时是23、24日）称为秋分，把3月21日（有时是20日）称为春分。"分"这个字，表示在这个时候从北极到南极昼夜平分。

6月21日（或22日）称为夏至，12月21日（或22日）称为冬至。"至"有"到达顶点"的意思，表示太阳一天一天朝我们的头上

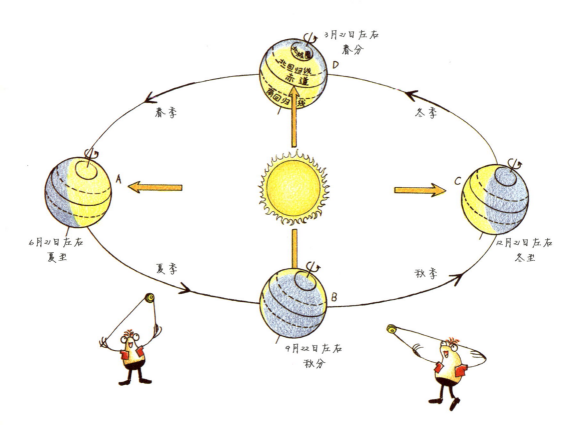

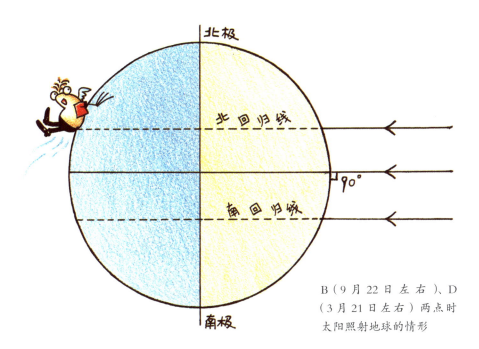

B（9月22日左右）、D（3月21日左右）两点时太阳照射地球的情形

走，到这一天不再往上升。在北半球，太阳到达最高点的时间是6月21日左右，从这一天以后，太阳开始向南下降了。到12月21日左右，太阳停止下降，开始上升，如此周而复始，无穷无尽。

前面我们已经知道，地球接受太阳光线的照射，会因为角度不同而导致温度不一。光线垂直照着我们时所接受的热量，要比斜着照射时大。6月21日左右太阳直射在北回归线上，在这个圆圈上的每一点，这一天太阳光线总是直射的。除此之外，地球上其他所有地方，太阳的光线总是斜射的。从北回归线向南或向北走得越远，光线斜得越厉害。在图上可以很明显地看到这一点。

人们根据地球上接受太阳光线照射的多少，把地球分成五个区域，称之为"带"。南北回归线之间的区域，一年会有两次太阳直射，被称

为"热带",赤道在热带的中央。热带地区,中午时分的太阳常常在(或者接近于)头顶正上方,阳光垂直或近于垂直地照射地面,因此热量充足。在赤道上,常年白天和黑夜一样长,热带的其他各处,一年中白天和黑夜的长短,也只略有不同,夜晚所散失的热量,几乎等同于白天吸收的热量,所以一年四季温度差别很小。

热带地区,是太阳特别喜欢的地方,所以这里一年到头都是夏天。树木永远是青枝绿叶,不像北京一到冬天就万叶凋零。那里的树木不仅四季常青,而且还挂满了花果。高大的棕榈树,圆柱形树干高大挺拔,硕大的叶片向上伸展着,叶尖缓缓下垂,宛如一顶顶漂亮的太阳伞,撑在高高的树梢之上。各种奇花异草在这片区域里争奇斗艳,四处繁花烂漫,沁人心脾。在北京,只有在温室里,才能看到这些富丽堂皇的花和叶。即便人们细心照顾打理,它们总少了在热带故乡的那

种自由自在。比花更要华丽可爱的，是热带地区的各种鸟类。它们的羽毛是那么的光艳，似乎是要和黄金、宝石一争高下似的。蜂鸟的脖子处闪耀着红宝石、翡翠和黄金般的光彩。成群的大象和其他巨兽在森林里自由游啸；到这里来，可以听到狮子和虎豹的咆哮，惊天动地。这里的人们，皮肤常年受太阳关照，所以黝黑发亮。

　　热带的北边和南边，分别是北温带和南温带。这两个区域，一面以南北回归线为界、与热带接壤，另一面则以南北极圈与两极区域为界。温带地区的人永远无法在自己头顶的正上方看到太阳，永远没办法做教官的好学生！无论是在一年的什么时候，阳光总是斜照地面，冬天斜得尤其厉害，温度比热带要低。

　　温带地区的夏季，白天长，太阳的热量会慢慢地存储起来；黑夜短，散失的热量不足以消散日间积蓄的热量。这样，随着夏至的来临，热量越积越多，温度也越升越高。冬天情形则相反，黑夜变长，白天积蓄的热量不足以弥补晚上散失的热量，温度因而会逐渐降低。随着季节的更迭，在温带地区，阳光照射的角度和昼夜长短变化很大，因此，一年中最热和最冷的季节之间，温度变化很大。

因为有这种差异，温带四季分明——春天和风拂面，百花吐艳；夏天阳光明媚，绿树成荫；一到秋天，秋高气爽，稻麦飘香；冬天则天凝地闭，好像一切植物都在休眠。地球上有一半的面积属于温带，这里气候环境优良，给千姿百态的动植物提供了栖息之所。

第 30 章

一天等于一年？

北极圈和南极圈以外,还有一个被称为"寒带"的地区,范围从极圈一直伸到两极为止。在这里,太阳光线的倾斜度和昼夜长短的差异比其他任何地方都要大,以致有极昼和极夜的奇特现象产生。

极昼和极夜是极圈内特有的自然现象,这种特殊的自然现象,是地球沿着倾斜地轴自转所造成的结果。前面我们已经说过,地球自转时,地轴与太阳的直射线有个倾斜角,因而地球在围绕着太阳公转的轨道上,有6个月的时间,南极和北极中总有一个极一直朝向太阳,另一个极总是背向太阳。如果南极朝向太阳,南极点在半年之内全是白天,没有黑夜;这时,北极则见不到太阳,北极点在半年之内全是黑夜,没有白天。到了下一个半年,则正好相反,北极朝向太阳,北极点全是白天;而南极这时则见不到太阳,南极点全是黑夜。在极圈内的地区,根据纬度的不同,极昼和极夜的长度也不同。

在寒带地区,随着纬度降低,极昼和极夜出现的时间,会逐渐变短。在极圈上,极昼与极夜都只出现一天,而在南北极极点上,都是半年极昼,半年极夜。

如果问你什么是一天,你会有多少种回答方式?你可能会说:"24小时就是一天啊。"也可能说:"过一个白天再过一个黑夜就是一天。"这两个回答通常是没错的,但也有例外。如果我们把白天和黑夜的交替看成一天的话,就有可能出现一天等于一年的怪事。想想看,为什么?对了,在北极点和南极点上,半年时间一直是白天,半年时间一直是黑夜,要完成白天和黑夜的交替需要整整一年时间!

在寒带，一连好几星期太阳都不会在地平线上露脸，那里只有漫漫长夜。不过，此时也并非伸手不见五指的漆黑一片。凭借着满天的星星，衬以白雪，会产生一种朦胧的微光。在北极，天空中经常有光一闪一闪地照耀不息，那就是自然界中最美丽的景观之一——北极光。

从名字上就可以猜出来，寒带一定很冷。那些地方全年酷寒，是全球年平均气温最低的地区。南极年平均气温约在零下29度到零下35度，北极地区的年平均气温在零下9度以下。到底会有多冷呢？在这种严寒的气候中，温度计中间的水银都会被冻住，也就是说，这里的

冬天气温至少是零下40摄氏度。一杯水洒向空中,掉下来就已成为冻硬的冰块了;嘴里呼一口气,一脱离口腔,就结晶为霜状的针;如果手不小心碰到金属,就会立刻被粘住。气温很低时,铁门或门上的铁环上会凝结一层白霜,和冰淇淋很像,许多生活在那里的小朋友,抵挡不住冰淇淋美味的诱惑,会去舔上一口,结果你能猜到吗?舌头会被粘在铁门或铁环上!

你小时候有没有像我这样想过:如果永远是白天就好了,这样我就可以一直在外面玩下去。没想到地球上还真有这种地方!不过,我们已经知道,有极昼的地方也会有极夜。你想象得出来在极夜中生活会是什么样子吗?南极覆盖着厚达几千米的冰层,几乎寸草不生,除了科学考察人员之外,没有人居住在那里。

第 31 章

真正的人

北极最著名的原住民是爱斯基摩人，他们在北极独自生存了 4000 多年，在 16 世纪，也就是 500 多年前，人们才知道在极度寒冷的北方还住着这样一群人。

"爱斯基摩"一词，是由印第安人首先叫起来的，意思是"吃生肉的人"。不过他们更愿意把自己称为"因纽特"或"因纽皮特"人，在爱斯基摩语中，意思是"真正的人"。

爱斯基摩人的确吃生肉，而且他们更喜欢吃保存了一段时间、有点腐败的肉。爱斯基摩人的传统观点认为，将肉做熟实在是对食物的糟蹋。其实，吃生肉是对寒冷环境的一种适应。在冰天雪地里打猎的人，是不可能随处生火的。爱斯基摩人的传统食谱全是肉类：海洋里的各种鱼类、海豹、海象以及鲸类，陆地上的驯鹿、麝牛、北极熊以及一些小动物。

爱斯基摩人的衣服都采用动物的毛皮为原料，驯鹿皮、熊皮、狐皮、海豹皮，甚至狼皮都是做衣服、鞋子的主要材料。爱斯基摩孩子们的衣服，多是从头到脚连成一体，只在臀部部位开一个洞，平时这部分自然闭合，不用担心冻坏孩子。爱斯基摩人通常上身只穿一件厚厚的皮袄，不穿内衣，皮袄很轻，下面虽然敞着口，但暖空气向上升，所以不会从下面散失。皮袄带有连衣帽，系得紧紧的，以防热量从上面散失。如果感到很热，只需稍稍松开帽子，让暖气流走。连衣帽的边缘镶有狼獾皮或狼皮，这两种皮与其他毛皮不同，人呼出的水汽不会在上面凝结成冰。

为了寻找足够的食物,爱斯基摩人常常过一段时间就需要搬家。搬家时,爸爸会带着一家老小,向茫茫雪原出发。找到有食物的地方后,爸爸会用随身带着的一根竿子在雪地上捅来捅去,确定这个地方是不是够坚固。

修建冰屋的地方选好后,爸爸就会示意一大家子人停下来就地休息,他自己则会在选好的地基上,用刀在雪地上划出方块的冰,这就

受现代文明的影响,20世纪70年代以来,大部分爱斯基摩人已经搬到固定的村庄和城市,只有极少数人仍然住在冰屋里,吃生鱼和生肉,靠打猎、捕鱼维持生活。

是修冰屋的砖了。砌上去的砖如果不服帖的话,就用刀在缝隙中削一削,很快就平整了。最后,在砖与砖之间的缝隙处填一点雪,一个冰屋就大功告成了。就这样,一个人,一个小时就可以修一座房子,是不是很神奇?

爸爸在修冰屋时,孩子们在干什么呢?他们当然不会闲着。在爸爸气定神闲地修着房子的时候,孩子们就会在附近找一个斜坡滑滑梯——天然免费的冰滑梯。

冰屋是修好了,可是在全是冰的房子里,不冷吗?当然很冷了,所以他们会生火——在冰屋里会有一盏海豹油灯,有时他们也在石盆中点燃海豹油篝火,不过它们的火很小,为什么不烧得大大的呢?因为怕火大了把冰屋融化掉啊!所以,把火控制在既可以取暖,又不会融化房子的程度,也是很了不起的呢!

晚上睡觉时,他们又会拿出保暖神器——一张大兽皮,往地上一铺,一家老小挤在软软的兽皮毯上,再盖上一张兽皮被子,他们就不怕被冻着了。

格陵兰岛也是北极地区有人类居住的地方之一,在这没有太阳的极寒天气里,格陵兰人喜欢抱团取暖。极夜的时候,几个自愿组合的家庭,会集体搬进一处用石头搭建的石屋里,因为人多可以更好地抵御严寒。没有特殊情况,

人们连续几个月都会待在里面,吃夏天备好的鱼干和鲸肉,休息时,大家会围着炉火讲述祖先的故事和传说。

你可能会想,整天都是黑夜,应该不需要上学,可以在家里睡懒觉,想睡多久就睡多久。不过你想错了!学校的老师们会在长夜的冬天登门叫醒还赖在床上的学生,把他们拎到学校去!

知道了这些,你还会让爸爸妈妈搬到这些有长长的白天和长长的黑夜的地方去吗?

第 32 章

谁先看到《疯狂动物城》

看过迪士尼的动画片《疯狂动物城》吗？你喜欢里面的谁呢？是兔子警官朱迪还是她的狐狸朋友尼克？还是"闪电"树懒？看到闪电想要给他的同事分享骆驼为什么有三个驼峰的笑话时，有没有大笑不止？

这部电影是全球同步上映的，当你迫不及待地在第一时间坐进电影院，享受这么有趣、充满欢笑的电影时，你是不是觉得全世界的小朋友们都在和你一起欢笑？

可是，如果我告诉你美国的小朋友实际上要比你后看到，你相信吗？当你走出电影院笑着和爸爸妈妈分享有趣的故事情节时，美国的小朋友们还完全被蒙在鼓里，他们最多只看过预告片——他们要在中国的观众们看完电影差不多十个小时后，才能享受这种愉悦。

这怎么可能呢？不是全球同步上映吗？同步上映却不是同时看到，到底是怎么回事？

还记得前面做的那个模仿地球自转和公转的游戏吗？我们踮着脚转圈的同时，围着一个有蜡烛的圆桌绕圈圈。我们可以把头假想成地球，你会发现你的左耳先被烛光照到，接着是鼻子、右耳、后脑勺。

地球的自转会导致昼夜交替。同纬度地区，东边的地点比西边的地点先看到日出。也就是说，东边地点的时刻，总是比西边地点的时刻要早。

在人类历史进入 19 世纪以前，这一情形对人们的生活并没有带来什么不便，但到 1869 年美国建起横贯北美大陆的铁路后，麻烦出现了。

无论生活在地球上哪个地方的人，都习惯于把太阳在天空中的最高点那一刻作

为计量时间的重要参照点,因为这一现象最容易观察。我们假设大家都把这一刻称为12点。如果像古人一样,不做长距离迁徙旅行,这一计时完全不会出问题,但铁路的出现使人们在很短的时间内可以走得很远。

在当时很可能出现这样的情况:

一个人给他远方的朋友写信说:"我将在某日的12点到你家的火车站,到时候请来车站接我。"

那一天他的朋友如约来到车站,见到的是怒气冲天的他:"怎么搞的?我在这里整整等了一个小时!"而他的朋友一脸委屈,指着天空中的太阳说:"你看,太阳正在头顶呢,我一点都没晚到啊!"

你能想出原因吗?

是的,这个人的朋友在他的西边,相差经度15度,时间上正好差一个小时。他往西走应当把时间减少一个小时,告诉他朋友11点去接他才对。

还有一件有意思的事情:

据说,19世纪在俄国伊尔库茨克附近一个小镇上,有个邮政官于9月1日早上7点钟给芝加哥邮局发了一份电报,很快他接到了回电,上面却说:"很高兴在8月31日18时收到来电……"是不是很奇怪,9月里拍的电报,对方怎么会在8月里收到呢?

上面这两件怪事,都是由于他们用当地的时间作为生活的标准时间,人们通常把这种时间叫作"地方时"。

因地方时不同没能及时接到朋友,这还算小问题,在美国,还发生过因为两地时间不对,导致火车相撞的严重事故。

正因为使用地方时在交通和通信方面会造成许多不便甚至是危险,后来大家决定统一时间标准,采用划分时区的办法。地球每 24 小时自转一圈,一圈是 360 度,那么每一小时转过经度 15 度。每隔经度 15 度,划为一个时区,把全球按经度划分成 24 个时区。以 0 度经线为中央经线,从西经 7.5 度至东经 7.5 度,划为"中时区"(或叫"零时区")。在中时区以东,依次划分为东一区至东十二区;在中时区以西,依次划分为西一区至西十二区。东十二区和西十二区各跨经度 7.5 度,

合为一个时区。这样,世界各地在同一瞬间,由于经度不同,时间都不相同。比如,北京的经度是东经 116 度,英国伦敦的经度是 0 度,北京和伦敦日出的时间相差接近 8 小时。当北京已是旭日东升的早晨,伦敦还是繁星密布的黑夜。

第 33 章

弟弟比哥哥大一岁?

时区划分好了之后,还有一个问题需要解决:由于地球的自转周而复始,我们应该如何来确定地球上新的一天究竟应该从哪里开始,到哪里结束呢?

我们先来看两幅图。

在上面这幅图中,我们能很轻松地发现每个人在队伍中的前后关系。在右页图中,情况就没有那么简单了,每个人都可以说自己排在第一名。前一幅图上前后关系是确定的,第二幅图上大家围成了一个圆,前后关系就不再是固定的,而是可以转换的了。

对圆形来说,要区分先后,只有事先人为约定,比如我们约定 A 为这个圆形里的第一号,是这个圆的起始位置。只有这样,我们才不至于把这个圆里每个人的顺序混淆。

同样,地球也是一个圆形,我们虽然确定了时区,地球上旧的一天在哪里结束,新的一天从哪里开始呢?

你读过儒勒·凡尔纳著名的小说《八十天环游地球》吗?福格先生和改良俱乐部的绅士们打赌,在八十天内环游世界。福格和他的随从

"万事达"一路历尽千辛万苦,克服种种困难回到伦敦时,还是迟了五分钟,福格先生自认失败。但奇怪的是,一天之后,人们却在俱乐部为他的胜利而欢呼。这是为什么呢?

原来,当福格先生由西向东周游世界,每跨越一个时区,就会把他的表向前拨一个小时,这样当他跨越24个时区回到伦敦后,他的表就会比身边的人快24个小时,以至于他认为自己输了。

同样,当我们由东向西周游世界一圈后,就会发现自己的表比别人慢24个小时。

为了避免这种"日期错乱"现象,人们把东西十二区的中央经线定为国际日界线,作为地球上"今天"和"昨天"的分界线。凡越过这条变更线时,日期都要发生变化:如果沿着地球自转的方向自西向东

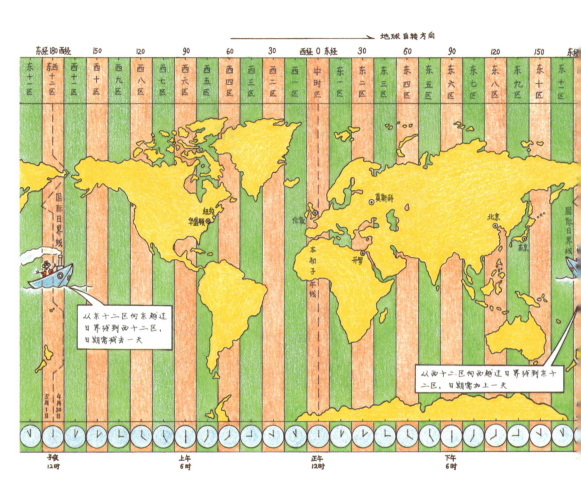

越过这条线,日期要减一天;如果与地球自转的方向相反,自东向西越过这条线,日期要加一天。为避免在一个国家中同时存在两种日期,实际上的日界线并不是一条直线,而是折线。

因为国际日界线两边在时间上会相差一天,除了会给福格先生带来好运外,还会发生一些特别有趣的事情。

如果一艘客轮自西向东航行在太平洋上,船上有一位怀了双胞胎

的妈妈。客轮航行到国际日界线西侧时，哥哥出生了，当时的时间是 2011 年 1 月 1 日。接着客轮越过国际日界线，位于日界线东侧时，弟弟才出生，他的出生日则是 2010 年 12 月 31 日。这样，一对双胞胎，弟弟比哥哥的生日提前了一天，也可以说弟弟比哥哥大了一岁！

想一年过两个生日、吃两回生日蛋糕吗？试着在过完生日后，第二天由西向东穿越国际日界线吧。

向东跨过一个时区加一个小时，向西跨过一个时区减一个小时。

纽约在西五区，北京在东八区。如果向西推算，纽约在北京西侧，比北京要晚 13 个小时，也就是要减 13。你看《疯狂动物城》的时间是在北京 2016 年的 3 月 4 号 17：00，在此基础上往回退 13 个小时就是当时纽约的时间。17-13=4，纽约是 3 月 4 号的凌晨 4 点。纽约的一个小朋友也想在下午 5 点去看电影的话，她还需要等 13 个小时，也就是说，你比她早 13 个小时先看到了《疯狂动物城》。

由于地球是个球体，我们也可以把纽约看成在北京的东边，不过，这样就会跨越日期变更线。北京在东西十二区（即国际日界线）西侧，相差 4 个时区，纽约则在东西十二区东侧，相差 7 个时区，这样，纽约在北京东侧，相差 11 个时区，需要加 11 个小时。

17+11=28

根据规则，自西向东越过国际日界线，日期上要减一天，也就是要减去 24 小时。

28-24=4

仍然是 3 月 4 号的凌晨 4 点。

如果 3 月 4 号那天放假，你上午 10 点就去看《疯狂动物城》了，你能算出

来当时纽约是几点吗?

我们按照上面的方法再来算一次。

纽约在西5区,北京在东8区。如果向西推算,纽约在北京西侧,比北京要晚13个小时。你看《疯狂动物城》的时间是北京的3月4号上午10:00,在此基础上往回退13个小时就是当时纽约的时间。

10-13=-3

坏了,怎么出现负数了?这是因为北京3月4号上午10点的时候,纽约还是3月3号呢,是3月3号的几点呢?

当我们在计算时差遇到负数时,可以加上24,但在日期上会提前一天。因为今天的0点就是昨天的24点。

-3+24=21

当北京是10:00时,纽约是前一天的21:00。

你会用另一种方式再算一遍吗?

图书在版编目（CIP）数据

我的第一本地理启蒙书 / 郑利强著；段虹绘．--北京：新世界出版社，2016.6（2016.9 重印）

ISBN 978-7-5104-5718-0

Ⅰ．①我… Ⅱ．①郑… ②段… Ⅲ．①地理—通俗读物 Ⅳ．① K9-49

中国版本图书馆 CIP 数据核字（2016）第 106397 号

我的第一本地理启蒙书

著　　者：郑利强
绘　　者：段　虹
责任编辑：陈美鹿
责任印制：李一鸣　胡星星
出版发行：新世界出版社
社　　址：北京西城区百万庄大街 24 号（100037）
发行部：（010）6899 5968　（010）6899 8733（传真）
总编室：（010）6899 5424　（010）6832 6679（传真）
http://www.nwp.cn
http://www.nwp.com.cn
版权部：+8610 6899 6306
版权部电子信箱：nwpcd@sina.com
印刷：北京盛通印刷股份有限公司
经销：新华书店
开本：710×1000　1/16
字数：50 千字　　印张：11.25　　印数：20001—40000 册
版次：2016 年 6 月第 1 版　2016 年 9 月第 3 次印刷
书号：ISBN 978-7-5104-5718-0
定价：49.80 元

版权所有，侵权必究

凡购本社图书，如有缺页、倒页、脱页等印装错误，可随时退换。
客服电话：（010）6282 9507